Fico D'india

Stephanie Alexander & Maggie Beer

TOSKANISCHES KOCHBUCH

REZEPTE UND GESCHICHTEN

Stephanie Alexander & Maggie Beer

TOSKANISCHES KOCHBUCH

REZEPTE UND GESCHICHTEN

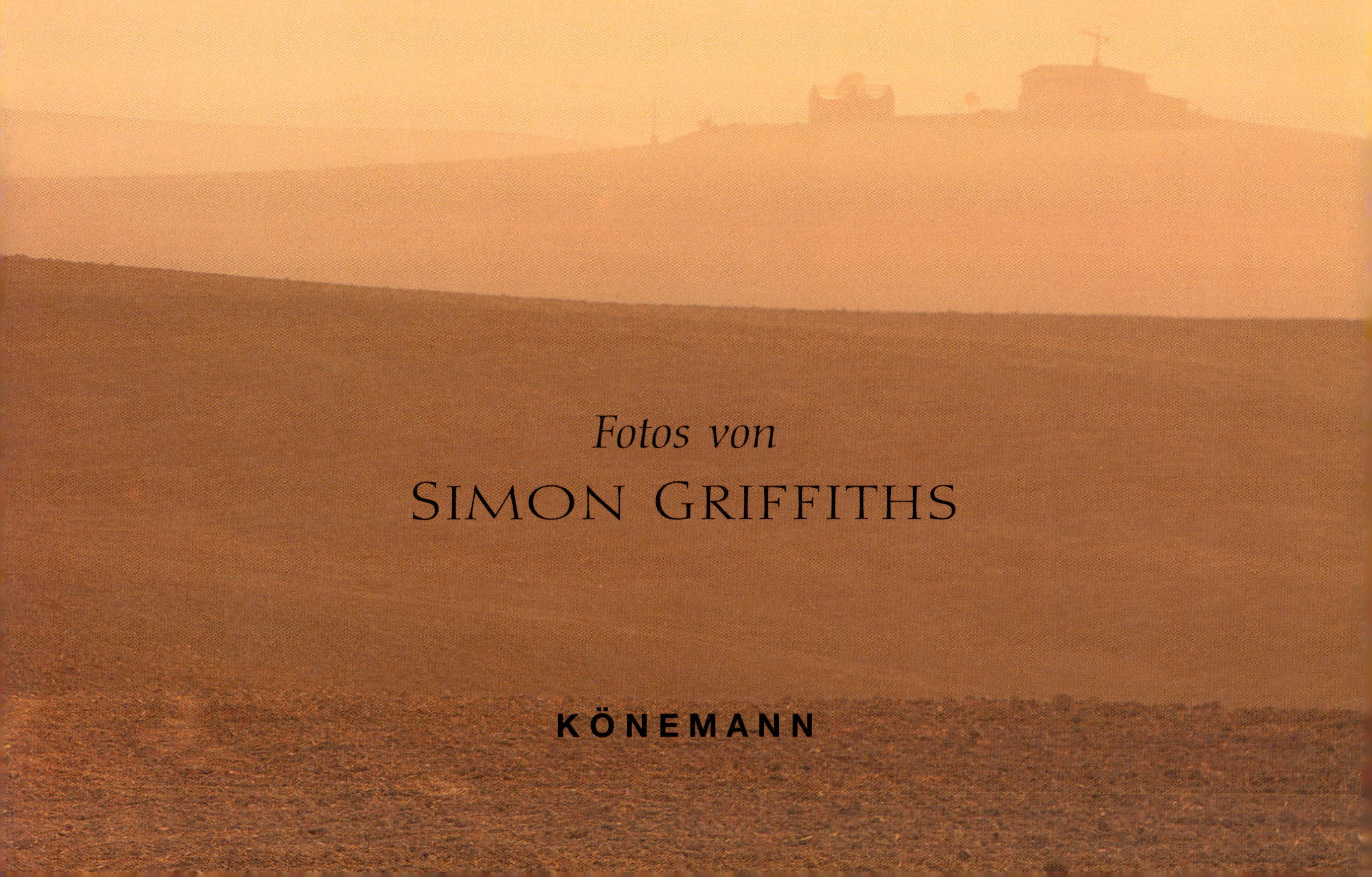

Fotos von

SIMON GRIFFITHS

KÖNEMANN

Unser besonderer Dank gilt Tony, der ein

immer wieder neues, wunderschönes Umfeld schuf,

in dem wir leben und arbeiten konnten,

sowie Elena und Peter, die zusammen mit Tony

unsere Kochkurse zu einer Erfahrung machten,

an die wir uns mit großem Vergnügen erinnern.

DANKSAGUNG

Wir danken folgenden Personen, die dazu beigetragen haben, daß unsere Kochkurse zustande kamen: Elena Bonnici, Peter Lortz und Tony Phillips, die sich als die besten Helfer erwiesen, die man sich nur wünschen kann; Ichiko Noonan, die durch Umbrien und die Toskana fuhr, um ein geeignetes Anwesen ausfindig zu machen; Ann Parronchi, die sich um die Organisation vor Ort kümmerte, uns mit den Einkaufsmöglichkeiten bei der örtlichen Metro vertraut machte und uns herrliche Töpfe und Pfannen lieh; Diana Ninchen, die uns zusammen mit Ann über die Märkte führte; Paolo de Marchi, der uns mit seinem Wissen über die Landschaft des Chianti und ihre Weine inspirierte; Chris Butler, der mit uns Olivenöl verkostete; Peter James von Negociants in Adelaide, der uns aus so großer Entfernung so schöne Weine besorgte; Alex Belson vom Weingut Antinori, dessen Weinkeller und Weine wir ebenso beeindruckend fanden wie seine Gastfreundschaft; Anna Rosa Mignone Vasconetto, die uns ihre Villa vermietete und die zwar über unsere Organisation zunächst etwas verdutzt, von dem Ergebnis jedoch letztlich begeistert war; der Familie Mignone, die in der anderen Hälfte des Anwesens wohnte; der Familie Bischi, die uns zwei Besuche auf ihrem wunderschönen Gutshof gestattete; Sue Graham von Leggett World Travel, die sich um die Buchungen unserer Kursteilnehmer kümmerte; und Colin Beer, dem besten und erfahrensten Berater, den man sich vorstellen kann.

Unser Dank gilt außerdem Simon Griffiths für seine inspirierenden Fotos; Caroline Pizzey, die sich wie immer in ihrer Rolle als eßbegeisterte Lektorin bewährt hat; Beth McKinlay für ihr wunderschönes »toskanisches« Layout; und vor allem unserer Herausgeberin und guten Freundin Julie Gibbs dafür, daß sie uns auch diesmal wieder mit Schwung und viel Liebe bei diesem neuen Abenteuer begleitet hat.

LITERATURAUSWAHL

Anderson, Burton: Pleasures of the Italian Table. Harmondsworth, 1994
Beevor, Kinta: Der Garten im Himmel. Eine Kindheit in der Toskana. München, 1999
Carluccio, Antonio: Pilze für Feinschmecker. München, 1996
Carluccio, Antonio: Meine italienische Küche. München, 1997
David, Elizabeth: Italian Food. London, 1987
Field, Carol: The Italian Baker. New York, 1985
Vis-a-Vis Florenz & Toskana. München, 1997
Freson, Robert: Italien. Eine kulinarische Entdeckungsreise. München, 1992
Gray, Patience: Honey from a Weed. London, 1986
Gray, Rose und Ruth Rogers: Rezepte aus dem River Cafe. Köln, 1998
Gray, Rose und Ruth Rogers: The River Cafe Cookbook Two. London, 1997
Hazan, Marcella: Neue Rezepte aus der klassischen italienischen Küche. München, 1999
Hellenga , Robert: Das verbotene Buch der Lüste. München, 1998
Lasdun, James: Walking and Eating in Tuscany and Umbria. Harmondsworth, 1997
Mayes, Frances: Die Sonne der Toskana. München, 1999
Roden, Claudia: The Food of Italy. London, 1989
Simetti, Mary Taylor: Pomp and Sustenance. New York, 1989
Spender, Matthew: Zypressen im Weinberg. München, 1995
Taruschio, Ann und Franco: Bruschetta, Crostoni and Crostini. London, 1995
Taruschio, Ann und Franco: Leaves from the Walnut Tree. London, 1993

VILLA DI CORSANO

UND UMGEBUNG

Inhalt

Der Olivenhain

Der Bauernhof

Der Weinberg

Das Festessen

Alle Wege führen in die Toskana

OBEN Die Straße zur Villa di Corsano

RECHTE SEITE Ausstaffiert mit den eigens für den Kurs angefertigten Schürzen, erwarteten wir gespannt die ersten Kursteilnehmer.

Im Jahr 1995 machten wir mit Familie und Freunden Urlaub in der Toskana. An einem warmen Nachmittag, als wir uns faul in Hängematten rekelten und den Blick über die schier unendliche Landschaft schweifen ließen, entstand plötzlich die Idee, noch einmal für etwas längere Zeit herzukommen, diesmal jedoch, um Kochkurse zu veranstalten. Wir waren sicher, daß außer uns viele andere Australier voller Begeisterung lernen wollten, wie man die kulinarischen und kulturellen Genüsse und die außerordentliche Schönheit dieser Landschaft am besten genießt. Damit war der Grundstein gelegt.

Dank unserer unschätzbaren Helfer vor Ort mieteten wir für zwei Monate eine Villa südlich von Siena, die ganz für sich zwischen Weinbergen und Feldern liegt. Da wir beide die Villa di Corsano nie zuvor gesehen hatten, trafen wir Anfang September 1997, eine Woche vor Beginn des ersten Kochkurses, mit etwas banger Erwartung in der Toskana ein. Schließlich waren wir Tausende Kilometer weit fort von zu Hause, und vom Gelingen unseres Abenteuers hing für uns vieles ab.

Es wurde ein überwältigendes Erlebnis, und wir glauben, daß auch jede(r) der 36 Teilnehmer(innen) der insgesamt drei Kurse schöne Erinnerungen an den Aufenthalt mit nach Hause genommen hat. Nicht nur wegen der leckeren Sachen, die wir Tag für Tag gemeinsam gekocht und fast immer bei strahlendem Sonnenschein im Freien genossen haben, sondern auch, weil uns die Villa di Corsano innen wie außen einen so traumhaften Rahmen bot.

Das ockerfarbene Gebäude lag auf einem Hügel hoch über Siena gut versteckt hinter einer alten Baumreihe neben einem formalen Garten mit Lorbeerhecken, Pinien und Säulenzypressen. Im Innenhof prangten rote Geranien in Terrakottakübeln, Olivenhaine und Weingärten überzogen die nahe gelegenen Hügel. Am Swimmingpool entlang erstreckte sich ein Kräutergarten, den unsere Vermieterin, Anna Rosa Mignone Vasconetto, extra für uns angelegt hatte. Garten und Schwimmbecken waren geschützt durch eine gut drei Meter hohe Lorbeerhecke, deren Zweige unser Grillfeuer im riesigen offenen Rauchfang der Küche aromatisch duften ließ.

Jede unserer Gruppen entdeckte immer wieder neue der zahlreichen großen und kleinen Schätze, die das Haus aufzuweisen hatte. Ein Teil des Gebäudes stammte aus dem 16. Jahrhundert, wenn auch im Laufe der langen Zeit mehrfach umgebaut. In manchen Zimmern hing nur ein schlichtes Kruzifix an der Wand, während andere mit prachtvollen

OBEN Der frühere Remiseneingang der Villa wurde in ein kuscheliges Schlafzimmer mit Ausgang zum Garten umgewandelt. Den Sichtschutz am Fenster bildeten Baumwollgardinen mit Hohlsaumstickereien.

RECHTE SEITE Dieser ebenso geräumige wie gemütliche Speisesaal mit seinen ausgetretenen Terrakottafliesen, dem riesigen Rauchfang und den dunklen Deckenbalken wurde rasch zum Herzstück unseres Toskana-Abenteuers.

FOLGENDE DOPPELSEITE So sah der erste Blick aus, der sich uns auf die Villa di Corsano bot: beschnittene Lorbeerhecken, Pinien und eine in warmem Ockergelb getünchte Hauswand, deren Fenster Sonne und Licht freien Eintritt gewährten.

Fresken aus der Zeit der Jahrhundertwende geschmückt waren. Dort sah man Putten zwischen Wolken tollen, sanfte Hügel und Zypressen durch Rankgitter hindurchschimmern, Allegorien der Tugenden neben Engeln, buntgestreifte Stoffe, die sich über Fürsten und Königen emporwölbten und feingefältelt herabwallten.

Die Fußböden in den Gesellschaftsräumen waren mit ausgetretenen, unebenen Terrakottafliesen bedeckt, die im Laufe ihres über hundertjährigen Bestehens von den vielen Füßen blank poliert waren. Um auf den glatten Steinen nicht auszurutschen, brauchte man etwas Übung, dafür fühlten sie sich unter unseren nackten Fußsohlen herrlich an. Die Parkettböden in den übrigen Räumen wiesen die gleiche feine Patina auf.

Die Einrichtung des Hauses war landestypisch, und überall gab es Kleinigkeiten zu entdecken, hier einen alten Krug, dort einen Topf, einen Teller oder einen schönen Stuhl. Die mit Holzläden versehenen Fenster öffneten sich zum Garten und zu Innenhöfen, dahinter lockten die Olivenhaine und in der Ferne Siena. Einige der Fenster hatten Scheibengardinen mit zierlichen Hohlsaumstickereien.

Bei unserer Ankunft in der Villa di Corsano fanden wir einen uralten Gewölbekeller vor. Anna Rosa erzählte uns, die Villa sei über den Resten eines etruskischen Hauses errichtet worden, der Keller noch vom ursprünglichen Gebäude übriggeblieben und somit 1000 Jahre alt! Er war kalt, sauber und bis auf eine einsame Fledermaus völlig leer, so daß wir dort unsere Weinvorräte mühelos unterbringen konnten.

Elena Bonnici, Peter Lortz und Tony Phillips halfen uns, die Villa vor der Ankunft der ersten Kursteilnehmer herzurichten, und blieben auch anschließend als Hilfskräfte bei uns. Dieses ungemein talentierte und fleißige Team machte seine Sache hervorragend. Die täglichen Herausforderungen wurden mit traumhafter Sicherheit und unerschütterlich guter Laune erledigt. Ihre gemeinsamen Talente als Dolmetscher, Raumausstatter und Köche waren unschätzbar für uns.

Der Unterricht fand drinnen und draußen, teils in der Hauptküche, teils im sonnigen Hof statt, und an fast allen Tagen ergab sich mittags Gelegenheit für ein Gläschen Spumante oder Moscato d'Asti, während wir die letzten Handgriffe erledigten. Ergänzt wurden die Kochkurse durch die Besuche von Chris Butler, der uns mit verschiedenen Olivenölen vertraut machte, und eine Weinprobe mit Paolo de Marchi, dem Winzer von Isole e Olena. Abends genossen wir eine *passeggiata* durch Siena oder planten weitere Ausflüge für den nächsten freien Nachmittag. Wir erkundeten die Weinkellereien und die mittelalterlichen Städte auf den Hügeln des Chianti, wanderten staunend durch die Collegiata und das Museo Civico von San Gimignano, entdeckten abgelegene Restaurants mit ausgezeichneter Küche, besuchten zweimal einen völlig autonom wirtschaftenden Gutshof, auf dem von *prosciutto* bis Ricotta alles selbst hergestellt wurde, hörten die Abendmesse in der aus dem 12. Jahrhundert stammenden Abtei Sant'Antimo und kehrten wieder und wieder in die kleinen Gassen Sienas zurück, in denen sich – abgesehen von gelegentlich vorbeibrausenden bunten Sportwagen – seit der Blütezeit der Stadt im 14. Jahrhundert nicht das Geringste verändert zu haben schien.

→ *Seite 16*

STEIN UND HOLZ
WER SIEHT DARIN

Vom Alter gezeichnet … etwas Hässliches?

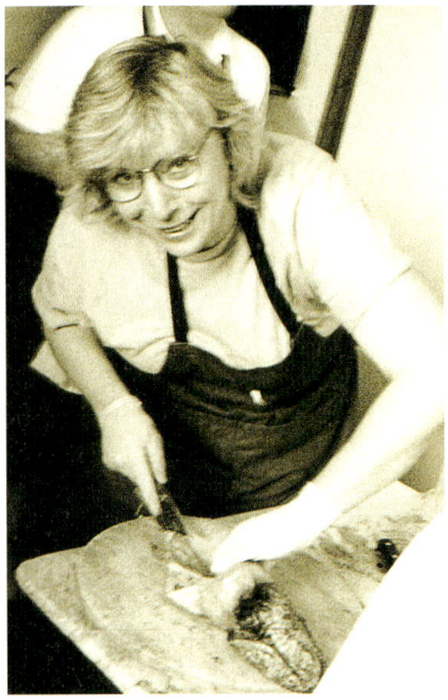

OBEN Beim Säubern von Tintenfischen

UNTEN Die über drei Stockwerke nach oben führende Steintreppe war wunderschön, aber eben steinhart: Im Laufe der drei Kochkurse nutzte Peter zwei Paar Joggingschuhe ab!

RECHTE SEITE Unser »Salon«, ein ausgesprochen eleganter Wohnraum. Tonys Blumenarrangements wirkten, als seien sie direkt den grandiosen Wandmalereien entsprungen.

Die wohl wichtigste Lernerfahrung machten wir auf den Wochenmärkten. Beeindruckend fanden wir vor allem die Qualität der Lebensmittel. Schon bei unserem ersten Besuch wurde uns klar, daß man mit einem so frischen Angebot der jeweiligen Jahreszeit ganz anders als gewohnt umgehen muß, denn wenn Obst und Gemüse genau im richtigen Reifezustand geerntet werden, dann müssen sie auch unverzüglich gegessen oder verarbeitet werden. Das bedeutete aber auch, daß wir im voraus nie genau wußten, was der Markt bieten würde, denn wenn etwas noch nicht reif war, dann gab es das eben nicht.

Die Ungewißheit, was der Markt bieten würde, war uns eine wichtige Lehre. Wenn man der Jahreszeit entsprechend einkauft, ist Flexibilität das A und O. Immer wieder ersetzten wir eine Zutat durch eine andere, veränderten den Charakter eines geplanten Gerichts oder kreierten völlig neue Rezepte. Genau das gleiche tun die Menschen in der Toskana Tag für Tag, und auch wir sollten diese Bereitschaft zum Umdenken bei unseren Einkäufen zu Hause viel öfter beherzigen.

Wir bereiteten Karden und gefüllte Artischocken zu, dünsteten *cavolo nero* mit roten Zwiebeln, kochten Suppe mit Brot und kauften weiße Trüffeln sowie riesige Mengen Fisch, wir rieben Parmesan und füllten Zucchiniblüten. Wir sammelten trockene Lorbeerzweige für unseren großen Rauchfang, unter dem wir alles mögliche von Polenta bis zu Tauben grillten. Überhaupt war für uns das Grillen über offenem Feuer eine ganz neue Erfahrung. Hellgrüne runde Zucchini wurden halbiert, mit Olivenöl bestrichen und gegrillt, ebenso Kürbisstücke und gigantische *bistecche alla fiorentina* (bis zu 1 Kilo pro Stück wiegende T-Bone-Steaks), rote Paprikaschoten, Oktopus und Tintenfische.

So gingen die Kurse einer nach dem anderen vorüber. Nach dem dritten und letzten waren wir erschöpft, aber glücklich über die Erfahrungen, die wir dabei machen durften. Wir präsentierten uns unseren Kursteilnehmern nicht als Expertinnen für italienische Kochtraditionen, sondern einfach als begeisterte Köchinnen und Genießerinnen, die jede Landschaft so respektieren, wie sie ist. Zu unserer Freude konnten wir allen unseren 36 Kursteilnehmern die Augen dafür öffnen, was man aus ganz alltäglichen Zutaten machen kann.

Wir hoffen, daß dieses Kochbuch auch Sie als Leser anregen wird, überkommene Vorstellungen über Bord zu werfen. Anstatt sich strikt an die Rezepte zu halten, sollten Sie schauen, welche hochwertigen Zutaten Sie tatsächlich frisch bekommen können. Wir würden uns freuen, wenn es uns ganz nebenbei gelingt, Sie für die Küche, die Menschen und die Schönheit der Toskana genauso zu begeistern, wie wir es sind.

Der Aufbau dieses Buches

Die hier beschriebenen Gerichte haben wir bei unseren Kochkursen zubereitet. Die toskanische Küche kennt keine festen Regeln, was wann und wie und in welcher Kombination serviert werden soll. Auch die Zahl der Portionen ist bei jedem Rezept variabel. Die gefüllten Paprikaschoten (siehe Seite 68) machen beispielsweise als Hauptgericht sechs Personen satt, reichen aber als Teil einer Antipasti-Platte ohne weiteres für zwölf. Viele toskanische Gerichte können nach Belieben abgewandelt werden.

Die Lorbeerhecke bildete nicht nur den eleganten Rahmen des Anwesens, sondern lieferte uns auch duftendes Brennholz für unser Grillfeuer. Der Grill wurde unser liebstes Küchengerät, denn die Zubereitung auf ihm ist unkompliziert und das Ergebnis höchst aromatisch – wie die toskanische Küche.

Die Lorbeer-hecke

PIADINA

OBEN UND RECHTE SEITE Wir versuchten, die dünnen, sehr weichen Teigscheiben im Backofen auf heißen Ziegeln als *testa*-Ersatz zu backen, fanden jedoch das Ergebnis viel besser, wenn sie ein paar Minuten von jeder Seite auf den heißen Grill gelegt wurden, bis sie braune, Blasen werfende Streifen aufwiesen. In einem Korb in ein locker gefaltetes Geschirrtuch gehüllt, bleiben die Fladenbrote schön warm, bis alle fertig sind.

Dieses Fladenbrot unterscheidet sich von *focaccia* und dem für *bruschetta* verwendeten Brot insofern, als es ohne jedes Treibmittel gebacken wird. Ann und Franco Taruschio vom Restaurant The Walnut Tree in South Wales, Australien, machen einen Unterschied zwischen Teig für *piadina* und *crescente,* wobei letzterer Milch und Natriumbikarbonat enthält, während Carol Field in *The Italian Baker* einen Teig mit Milch und Natriumbikarbonat gerade als *piadina*-Teig beschreibt. Beide Autoritäten geben an, daß die *piadina* korrekterweise auf einer dicken Terrakottaplatte gebacken wird, der sogenannten *testa.* Ein gewässerter Blumentopfuntersetzer aus ungebranntem Ton eignet sich sehr gut dafür, ebenso eine unglasierte Bodenfliese. Beide werden vor dem Backen nicht eingefettet, müssen dafür aber bei geringer Hitze im Ofen oder auf kleiner Flamme »abgehärtet« werden, damit sie nicht springen, wenn die Brote darauf garen.

Der *piadina*-Teig ist ähnlich wie der für Chapatis in der indischen Küche. Dort verwendet man oft eine Mischung aus Vollkorn- und Auszugsweizenmehl und reicht die Chapatis zu Currygerichten. Es ist immer wieder faszinierend zu sehen, daß völlig unterschiedliche Kulturen praktisch die gleichen Rezepte entwickeln.

In der Villa backten wir häufig *piadina,* weil es ganz köstlich zu Antipasti schmeckt (vor allem zu Weichkäsen).

500 g Mehl
30 g Butter
Salz
lauwarmes Wasser

In das Mehl eine Vertiefung drücken. Die Butter kurz zerlassen und zum Mehl geben. Gerade so viel lauwarmes Salzwasser zugeben (etwa 250 ml), daß ein Teig entsteht. 10 Minuten lang gründlich kneten, dann in ein Tuch wickeln und unter einer umgedrehten Schüssel 30 Minuten ruhen lassen.

Den Teig in rund 20 eigroße Stücke zerteilen und jedes zu einer 5 mm dicken Scheibe mit einem Durchmesser von etwa 10–12 cm ausrollen. Die *testa* oder eine schwere Brat- oder Grillpfanne über offenem Feuer oder auf dem Herd heiß werden lassen. Jede Teigscheibe 3 Minuten backen, dann umdrehen und ein paar Minuten weiterbacken. Die *piadine* sollten leicht angebrannte Stellen aufweisen und Blasen werfen. Die gebackenen Fladen in ein Tuch eingeschlagen oder locker in Alufolie gewickelt warm halten, bis alle fertig sind, denn heiß und kroß schmecken sie am besten.

ERGIBT 20 STÜCK

SALSA AGRESTO

STEPHANIE Maggies Mandelsauce paßt ausgezeichnet zu den verschiedensten Grilladen. Ich gab davon sogar etwas an übriggebliebene *panzanella* (siehe Seite 181) und füllte damit Artischocken und Karden, die anschließend mehrere Stunden bei mäßiger Hitze butterzart gebacken wurden. Auch gaben wir die *salsa* einmal zusammen mit Hähnchen- und Auberginenresten in Maggies Kürbis-Risotto.

Bereiten Sie die *salsa* maximal eine halbe Stunde vor dem Servieren zu.

120 g Mandeln
120 g Walnüsse
2 Knoblauchzehen
2 Bund glattblättrige Petersilie
½ Bund Basilikum
1½ TL Meersalz
frisch gemahlener schwarzer Pfeffer, 6 Umdrehungen mit der Mühle
180 ml kaltgepreßtes Olivenöl
180 ml Agresto

Den Backofen auf 220 °C vorheizen. Mandeln und Walnüsse auf Backblechen getrennt 5 Minuten lang rösten, dabei zwischendurch schütteln, damit sie nicht anbrennen. Mit einem Geschirrtuch die bittere Haut von den Walnüssen reiben, es sei denn, Sie bekommen im Herbst ganz frische Nüsse. Abkühlen lassen. Mandeln und Nüsse mit Knoblauch, Kräutern und Gewürzen und ein wenig Olivenöl in der Küchenmaschine zu feiner Paste pürieren. Den Rest Olivenöl und zum Schluß den Agresto zugießen. Die Paste sollte sich gut verstreichen lassen, notfalls mit etwas Agresto verdünnen.

ERGIBT ETWA 450 ML

LINKE SEITE Der vier Meter breite Rauchfang in der Wohnküche bildete das Herzstück unseres Toskana-Abenteuers. Unser »Meistergriller« war Tony. Er fand eine perfekte Methode, das Feuer mit Zweigen von unserer Lorbeerhecke zu aromatisieren. Simon, unser Fotograf, nahm dieses Bild vom Bereich hinter dem Feuer aus auf, den man durch ein Türchen betreten konnte und der den Bewohnern in früheren Zeiten im Winter als beheizte Stube diente.

UNTEN Eine riesige *bistecca alla fiorentina*, hier mit gegrilltem Radicchio und Knoblauch (siehe Seite 107 und 111). Diese T-Bone-Steaks wiegen bis zu 1 Kilo. Sie werden im Ganzen gebraten und erst bei Tisch aufgeteilt. Die Toskaner würzen das Fleisch nach dem Garen mit Salz, Pfeffer und Olivenöl – wir liebten es mit Anchovisbutter.

Gegrillte Pilze

RECHTE SEITE Feigen sowie Feigen- und Weinblätter wurden uns ständig von der Fattoria di Corsano, dem zur Villa gehörenden Gutshof, geliefert. Unser Haus war eigentlich Teil eines noch aktiven landwirtschaftlichen Betriebs, der neben Wein und Olivenöl auch Feigen produzierte.

Einer der Nachteile des außergewöhnlich trockenen Herbstes, den wir in jenem Jahr hatten, war die sehr späte Reife der Waldpilze. Die ersten Steinpilze auf dem Wochenmarkt stammten aus Frankreich. Der zweite Kochkurs bekam Steinpilze aus Sizilien, und erst beim dritten Kurs konnten wir endlich toskanische *funghi porcini* auftreiben. Anna Rosa zeigte uns bei einem Spaziergang ihre Lieblingsstellen, wo Steinpilze und die weniger bekannten, aber sehr geschätzten *ovoli* (Rothütige Kaiserlinge) zu finden sind.

Mit diesem simplen Rezept werden selbst Zuchtchampignons zu einer Delikatesse.

fleischige offene Zuchtchampignons
Olivenöl
frisch gemahlener schwarzer Pfeffer
Knoblauchzehen
Meersalz
Zitronensaft
frisch gehackte glattblättrige Petersilie

Die Pilze großzügig mit Olivenöl bepinseln. Pfeffer darüber mahlen und einige hauchdünne Scheiben Knoblauch zu jedem Pilz geben. Die Pilze mit den Hüten nach unten über einem mäßig lodernden Holzfeuer auf den Grill legen und 5 Minuten garen lassen. Umdrehen und noch 1 oder 2 Minuten von der Unterseite weitergrillen. Auf eine vorgewärmte Platte legen, salzen, mit feinstem Olivenöl und etwas Zitronensaft beträufeln und mit etwas Petersilie bestreuen.

Feigen in Weinblättern

Wählen Sie zum Füllen stets ganz frische, zarte Weinblätter. Damit sie sich biegen lassen, muß man sie manchmal kurz in kochendem Wasser oder Agresto blanchieren. Agresto verstärkt zudem das Aroma der Blätter, so daß er sich besonders eignet, wenn man zarte Füllungen wie Feigen oder Ziegenkäse verwendet. Wenn die zum Grillen vorgesehenen Feigen noch ein wenig grün und hart sind, lassen Sie sie 5 Minuten in Agresto ziehen und anschließend abtropfen. Jede Feige in ein mit Öl bepinseltes Weinblatt wickeln und jede mit 2 Zahnstochern zu einem Päckchen zusammenstecken. Die Päckchen werden über heißen Kohlen gegrillt und dabei einmal gewendet, bis das Blatt knusprig und die Feige weich ist.

Gegrillte Weinblätter eignen sich auch hervorragend zum Garnieren anderer gegrillter Speisen. Man braucht sie lediglich mit ein wenig Olivenöl einzupinseln, bevor man sie über heißen Kohlen oder in einer Grillpfanne grillt. Nach 1 Minute wenden und herunternehmen, sobald sie knusprig sind.

Gegrillte Wachteln im Traubenbad

In unserer ersten Woche in der Villa di Corsano füllten wir die Wachteln mit Trauben und Salbei und wickelten sie in Weinblätter, bevor sie gegrillt wurden, was ausgezeichnet schmeckte. Beim nächsten Mal ließen wir die Weinblätter weg und legten die gegarten Wachteln in ein »Bad« aus Öl, Agresto, Pfeffer und Trauben. In die Weinblätter kamen diesmal kleine, flache Scheiben eines Kuhkäses namens Tomino del boscaiolo, die nach Anweisung der Markthändlerin nur wenige Minuten auf dem fast schon erloschenen Holzkohlengrill gegart und dann zu einer wunderbaren Antipasti-Platte gelegt wurden. Der von reichlich trockenem Lorbeerlaub unterstützte Duft des Holzfeuers ergab ein traumhaftes Aroma.

Wenn Sie gegrillte Feigen (siehe Seite 24) als Vorspeise zu diesem Gericht servieren, verwahren Sie den Agresto, in dem Sie die Feigen ziehen lassen, und pinseln Sie damit die gegrillten Wachteln ein.

12 Wachteln
Knoblauchöl (siehe Seite 210)
Salz
frisch gemahlener schwarzer Pfeffer
kaltgepreßtes Olivenöl
Agresto
blaue Trauben, halbiert und entkernt
Zitronenspalten

Mit einer Küchenschere die Wirbelsäulen der Wachteln auslösen und die Rippen mit den Fingern herausziehen. Jeden Vogel mit Knoblauchöl einpinseln, würzen und über einem Holzfeuer garen, dabei häufig wenden (Bratzeit insgesamt etwa 8 Minuten, je nach Hitze). In einer großen Schüssel eine Vinaigrette aus Olivenöl, Agresto, Trauben und Pfeffer anrühren. Die fertigen Wachteln in dieses »Bad« legen und ruhen lassen, dabei ab und zu wenden. Warm zu Risotto mit gebackenem Salbei (siehe Seite 28) und Zitronenspalten servieren.

ERGIBT 6–12 PORTIONEN

OBEN Wir fanden es toll, wenn wir die Gerichte je nach Marktangebot variieren konnten. Einmal kochten und schälten wir ein Kilo Eßkastanien und gaben sie zusammen mit Olivenöl, entkernten Weintrauben und gewürfelter, knusprig ausgebratener *pancetta* zu den ruhenden Wachteln. Zu jeder Wachtel gab es eine in ein Weinblatt gewickelte, gegrillte Feige – eine unschlagbare Kombination! Wie alle Schlemmer fanden wir es auch lustig, aus der Hand zu essen, ganz gleich, wieviel Saft heruntertropfte!

LINKE SEITE Gegrillte Wachteln im Traubenbad (auf dieser Seite) mit *salsa agresto* (siehe Seite 23) und gegrillten runden Zucchini

Risotto mit gebackenem Salbei

MAGGIE Im Frühling vor unseren Kochkursen pflanzte Anna Rosa an der Villa di Corsano extra für uns einen Kräutergarten. Der Salbei gedieh trotz des ausgesprochen trockenen Jahres gut, doch mußten wir stets acht geben, nicht zuviel abzupflücken. Unser Lieblings-Gemüsehändler in Siena bot Salbei nicht ordentlich gebündelt wie bei uns zu Hause an, sondern gleich handvollweise.

Die Italiener lieben Salbei, und auch wir lernten ihn bei unserem Aufenthalt in der Toskana in einem ganz neuen Licht kennen. Dort läßt man die Blätter in zerlassener oder brauner Butter schmoren oder backt sie in Olivenöl kroß aus. Manchmal werden sie in einen leichten Ausbackteig getaucht und fritiert (teilweise um ein Anchovisfilet gerollt). Das Aroma macht in jedem Fall süchtig!

1–2 Bund Salbei
250 g Butter
1 große Zwiebel, feingewürfelt
450 g Arborio-Reis
180 ml trockener Weißwein
1,5 l heiße Geflügelbrühe (siehe Seite 213)
Salz
frisch gemahlener schwarzer Pfeffer
100 g Parmesan, frisch gerieben

Den Backofen auf 200 °C vorheizen. Die Salbeiblätter auf einem Backblech ausbreiten und jedes mit etwas Butter bestreichen, dann 5–10 Minuten kroß backen (diese Zeit unbedingt einhalten, sonst schmeckt der Salbei seifig!). Beiseite stellen.

Die restliche Butter in einer schweren Pfanne oder einem Topf zerlassen und die Zwiebeln darin bei mittlerer Hitze glasig dünsten. Die Temperatur erhöhen und den Reis zugeben. Gut umrühren, damit alle Körner mit Butter überzogen sind. Sobald der Reis glänzt, den Wein zugießen. Ist der Wein verdampft, eine Suppenkelle heiße Brühe zugießen und rühren, bis der Reis die Brühe vollständig aufgesogen hat. Nun die nächste Kelle Brühe zugeben, rühren und immer weiter fortfahren, bis der Reis cremig, aber noch *al dente* ist (insgesamt rund 20 Minuten). Vom Feuer nehmen, würzen und mit Parmesan und dem gebackenen Salbei anrichten.

Ergibt 6–12 Portionen

In Butter bräunen

Anstatt den Salbei im Ofen zu backen, können Sie die Blätter auch mit etwas kalter Butter in eine heiße Bratpfanne legen. Auf mäßiger Flamme schwenken, bis die Butter schäumt und nußbraun wird und die Salbeiblätter kroß sind.

GRÜNER SALAT MIT WALNÜSSEN UND AGRESTO

STEPHANIE Die Namen für Lebensmittel sind manchmal ziemlich verwirrend. Was in Italien als *scarola* angeboten wird, nämlich ein lockerer, runder grüner Salat mit sehr knackigen Rippen, wird bei meinem griechischen Gemüsehändler zu Hause in Australien als »römischer Salat« geführt. Ich sorgte unfreiwillig für allgemeine Heiterkeit auf dem Mercato San Lorenzo in Florenz, als ich zwei Köpfe römischen Salat kaufen wollte, aber in Wirklichkeit zwei römische Herren bestellte (*romani* anstatt *romana*)!

6 Handvoll grüne Salatblätter
frisch geknackte Walnüsse
1 Knoblauchzehe
Vinaigrette
2 EL Agresto
2 TL Zitronensaft
Meersalz
125 ml Walnußöl
frisch gemahlener schwarzer Pfeffer

Den Backofen auf 220 °C vorheizen. Den Salat waschen, trockenschleudern und beiseite stellen. Die Walnüsse ca. 5 Minuten rösten und die bittere Haut mit einem sauberen Geschirrtuch abrubbeln, es sei denn, es sind ganz frische Nüsse. Die Knoblauchzehe anschneiden und die Salatschüssel damit ausreiben.

Für die Vinaigrette Agresto und Zitronensaft mit etwas Salz verrühren. Das Walnußöl langsam zugeben und glattrühren, dann Pfeffer zugeben. Die Salatblätter und Walnüsse in der Vinaigrette wenden, so daß sie leicht, aber gleichmäßig überzogen sind. Eine Handvoll helle Trauben paßt hervorragend als Ergänzung.

ERGIBT 6 PORTIONEN

Geeiste Zitronencreme

RECHTE SEITE Tony fand für uns auf dem Markt wunderbar aromatische und feste wilde Brombeeren. In einer anderen Woche waren es rote, kurz darauf goldgelbe Himbeeren.

UNTEN Die Einfahrt zu unserem Dorf. Neue Verkehrsregeln und ungewohnte Schilder gehören zu jeder Reiseerfahrung, und wir lernten schon rasch das Einparken *all'italiana*, bei dem man Absperrungen, Fahrräder und dergleichen einfach beiseite räumt, um genügend Platz zu haben. Wir fanden es sehr lustig, als Anns Ehemann Aldo erzählte, nach zehn Uhr abends kümmere er sich gar nicht mehr um irgendwelche Ampeln.

Wir servierten diese Creme in Kaffeetassen, dazu die winzigen, aromatischen Brom- und Himbeeren, die Peter in Siena auftrieb.

4 Löffelbiskuits, zerbröselt
80 ml Süßwein oder Marsala
4 Eier, getrennt
100 g Zucker
abgeriebene Schale von 3 Zitronen
500 ml Sahne (45 % Fett)
kandierte Zitrusschalen (siehe Seite 69)
Puderzucker

Die Löffelbiskuitbrösel mit dem Wein tränken. Die Eigelbe mit dem Zucker verquirlen, bis die Masse hell und dick ist, dann die geriebenen Zitrusschalen unterrühren. In einer zweiten Schüssel die Eiweiße steif schlagen, bis sie Spitzen ziehen, und vorsichtig unter die Eigelbmasse heben. Die Sahne schlagen und zusammen mit den Löffelbiskuits unter die Creme heben.

Die Masse in 10 Förmchen von je 100 ml füllen und nicht länger als 1 Stunde gefrieren (die Masse soll nicht hart werden). Mit gehackten kandierten Zitrusschalen und Puderzucker bestreuen. Mit Beeren oder Zitronenplätzchen (siehe Seite 32) servieren.

ERGIBT 10 PORTIONEN

ZITRONENPLÄTZCHEN

RECHTE SEITE Von den Zitronen waren wir schlichtweg begeistert. Das dekorative Seidenpapier hätten die ungemein aromatischen, saftigen Früchte als Werbung gar nicht mehr nötig gehabt.

UNTEN Unser »Freiluftzimmer«. Dieser Innenhof war unser Lieblingsplatz, nicht nur als zusätzlicher Klassenraum, sondern auch, wenn Zeit für einen Drink, ein Schwätzchen oder einen Tagebucheintrag blieb. Oft wurden hier morgens die Aufgaben verteilt. Manche unserer Kursteilnehmer wählten dabei gern den »Außendienst«, um ausgiebig die Sonne genießen zu können.

Anna Rosa erzählte uns, eines der kleinen Steinhäuser am Pool, die als Umkleidekabinen genutzt wurden, habe ursprünglich als Orangerie gedient. Die in Kübeln gezogenen Zitronen- und Orangenbäume wurden beim ersten Anzeichen von Frost dort hineingebracht und erst im Frühling wieder ins Freie gestellt.

50 g blanchierte Mandeln
50 g kandierte Zitrusschalen (siehe Seite 69), gehackt
fein abgeriebene Schale von ½ Zitrone
40 g Mehl
50 g Butter
50 g Zucker
1 EL Milch
GUSS
50 g Puderzucker
Orangen- oder Zitronensaft

Mandeln und kandierte Zitrusschalen in der Küchenmaschine fein hacken und mit den übrigen Zutaten zu einem glatten Teig verarbeiten. Die Masse zu 3 cm dicken Rollen formen und in Klarsichtfolie gewickelt 1 Stunde kalt stellen.

Den Backofen auf 160 °C vorheizen. Den kalten Teig in hauchdünne Scheiben schneiden und diese im weiten Abstand auf ein mit Backpapier ausgelegtes Blech legen und in 10–15 Minuten hellbraun backen. Auf einem Kuchenrost auskühlen lassen.

Für den Guß den Puderzucker mit so viel Zitronen- oder Orangensaft anrühren, daß der Zuckerguß streichfähig wird. Die erkalteten Plätzchen damit überziehen und gut trocknen lassen.

PERNIC.
PALERM

Schokoladen-Crespelle mit Mascarpone, Feigen und Strega

RECHTE SEITE Überall in Italien scheint man Wert auf ästhetische Perfektion zu legen. Alles wird dekorativ angerichtet, so etwa diese köstlichen *biscotti*, die uns unsere Bekannte Diana als eine der zahllosen traditionellen Leckereien mitbrachte.

FOLGENDE DOPPELSEITE Tony deckt (und dekoriert) den Mittagstisch unter den Ulmen. Das war unser tägliches Ritual, allerdings borgten wir uns für diese Gelegenheit die antiken Stühle aus dem Speisesaal.

MAGGIE Diese Köstlichkeit kann ebensogut als Dessert wie zum Kaffee oder Tee serviert werden. Sie basiert auf einem Rezept, das ich von meinem Freund, dem Koch James Fien bekam. In der Villa di Corsano kochte Peter die dazugehörigen Feigen zur Abwechslung in Vin Santo, anstatt sie mit Strega zu beträufeln, was hervorragend paßte.

10 g Butter
75 ml Milch
4 Eier
2 TL Strega
140 g Mehl
60 g ungesüßter Kakao
25 g Zucker
1 TL Salz
FÜLLUNG
100 g Dörrfeigen
Agresto
2 TL Strega
200 g Mascarpone

Die Butter auf kleiner Flamme in einem Topf zerlassen und braun werden lassen, ohne daß sie anbrennt. Etwas abkühlen lassen und in einer Schüssel mit Milch, Eiern und Strega verrühren. Die trockenen Zutaten dazusieben und zu einem Teig verarbeiten. Gegebenenfalls noch etwas Milch zugießen, damit der Teig dünnflüssig bleibt. 1 Stunde ruhen lassen.

In der Zwischenzeit die Füllung zubereiten. Die Feigen rund 20 Minuten in Agresto aufquellen lassen. Sehr gründlich abtropfen lassen, hacken und mit Strega beträufeln.

Den Teig durch ein feines Sieb in einen Krug schütten. Eine Crêpepfanne erhitzen und mit etwas gebuttertem Backpapier auswischen. Vom Herd nehmen, etwas Teig hineingießen und sofort schwenken, so daß sich der Teig über den ganzen Pfannenboden verteilt. Die Pfanne wieder auf die Flamme stellen. Nach 1 Minute die Crêpe mit einem dünnen Spachtel am Rand anheben und wenden. Sobald die andere Seite gar ist, die Crêpe auf einen Teller gleiten lassen. Aus dem restlichen Teig ebenso die übrigen Crêpes backen, abkühlen lassen und die Ränder gleichmäßig zuschneiden.

Die Feigen vorsichtig unter den Mascarpone heben, jedoch nicht zu lange rühren, weil sich sonst Molke absetzt. Ein wenig Füllung in die Mitte jeder Crêpe spritzen oder tupfen, die Ränder an zwei Seiten einschlagen und die Crêpe aufrollen. Gut gekühlt und mit Puderzucker bestäubt servieren.

ERGIBT 8 STÜCK

AntonioMattei
Prato
BISCOTTIFICIO
DAL
1858
“Mattonella”

Zuppa pavese mit Salatröllchen

Robert Freson erzählt in seinem Buch *Italien, eine kulinarische Entdeckungsreise,* daß die *zuppa pavese* eigens für den französischen König Franz I. erfunden wurde. Nach seiner Niederlage 1525 bei Pavia fiel er in die Hände des Feindes. Auf dem Weg zum Kerker machte der Gefangenentransport auf dem Hof eines armen Bauern Halt. Die Bewacher baten um eine Mahlzeit und erzählten, daß der Gefangene ein König sei. Daraufhin holte die Bäuerin alles herbei, was sie in der Vorratskammer finden konnte. Sie röstete Brot in Butter wie einen *crostino,* kochte eine Brühe, schlug ein Ei auf und ließ es in der Brühe gar ziehen. Zum Schluß bestreute sie die Suppe mit geriebenem Grana-Käse und setzte dieses Essen dem König vor.

Zuppa pavese ist der Inbegriff der Schlichtheit, erfordert aber trotzdem einige Erklärungen. Folgendes ist zu beachten: Die Suppenteller müssen sehr, sehr heiß sein, und die Brühe muß sprudelnd kochen. Man kann sie nach und nach über das Ei geben, damit das Eiweiß den gewünschten Schleier entwickelt. Das geröstete Brot als Beilage oder vorweg mit einem pikanten Aufstrich servieren. Noch interessanter wird die Suppe, schwenkt man die gebratenen Wildkräuter oder den gehackten Salat zuvor in etwas Butter. Verrührt man das aufgeschlagene Ei mit dem Käse und läßt es in der heißen Brühe Fäden ziehen, hat man *stracciatella alla romana.* Elena erklärte uns, daß die Brühe nicht mehr kochen darf, wenn Ei und Käse erst einmal zugegeben sind, da sie sonst trübe und das Ei flockig wird. Man kann die gefüllten Röllchen wie unten beschrieben in wenig Brühe garen und als aufwendige Vorspeise servieren. Die Hülle kann aus einem zarten Salatblatt oder aus einem kurz blanchierten Kohlblatt bestehen.

Das Rezept basiert auf einer Anleitung in Marcella Hazans Buch *Neue Rezepte aus der klassischen italienischen Küche* und gibt eine typische Füllung vor:

OBEN Anna Rosa Mignone Vasconetto, die Besitzerin und Vermieterin unserer Villa. Sie meinte, noch nie habe eine Gruppe das Haus so intensiv in Beschlag genommen wie wir, zumal wir es im Ganzen mieteten und buchstäblich jeden Winkel davon nutzten.

1 Hähnchenbrust von 250 g, gehäutet
60 g Butter
1 rote Zwiebel, feingehackt
1 EL feingehackter Staudensellerie (nur die inneren Stengel)
1 EL feingehackte Möhre
2 EL frischer Ricotta
1 EL frisch gehackte glattblättrige Petersilie
Salz
frisch gemahlener schwarzer Pfeffer
1 Eigelb
2 EL frisch geriebener Parmesan
12–18 Salatblätter
1 l Brühe (siehe Seite 213)

Das Hähnchenfleisch würfeln. In einer Pfanne die Butter zerlassen und das Hähnchenfleisch darin portionsweise kurz anbraten. Das Fleisch auf eine Platte legen und abkühlen lassen, dann ganz fein hacken.

In derselben Pfanne die Gemüse 2–3 Minuten lang andünsten und zum Hähnchen geben. Alle übrigen Zutaten mit Ausnahme der Salatblätter und der Brühe vermischen.

Die Salatblätter kurz in kochendes Wasser tauchen. Einzeln auf der Arbeitsplatte ausbreiten, ein wenig Füllung darauf geben und das Blatt fest aufwickeln, dabei die Seiten über die Füllung schlagen. Die Röllchen mit der offenen Seite nach unten dicht an dicht in einen Topf legen und nur mit so viel Brühe bedecken, daß sie gerade feucht bleiben. Mit einem Teller abdecken, damit die Röllchen nicht aufgehen, und 20 Minuten köcheln lassen.

Zum Anrichten die restliche Brühe zum Kochen bringen. Jeweils 2–3 Röllchen in einen vorgewärmten Suppenteller legen und mit Brühe bedecken. Den geriebenen Parmesan separat dazu reichen.

ERGIBT 6 PORTIONEN

UNTEN Dieses Foto zeigt einen Ausschnitt des riesigen Gemäldes im größten Schlafzimmer der Villa. Das Bild war sogar noch breiter als das riesige Doppelbett, über dem es hing! Wer das Zimmer bewohnte, mußte hoch und heilig versprechen, nachmittags die Fensterläden zu schließen, um das Bild vor Sonnenstrahlen zu schützen.

Auberginen-Lasagne

Nach einem langen Tag in der Küche genossen wir eines Abends ein paar Runden im Pool und einen späten Imbiß im Garten mit Salat und dieser köstlichen Auberginen-Lasagne. Wenn sich auch kein Stern am Himmel sehen ließ, zwinkerten immerhin in der Ferne die Lichter Sienas.

Nudelplatten für Lasagne müssen entsprechend der vorgesehenen feuerfesten Form zugeschnitten werden. Denken Sie dabei daran, daß der Teig beim Garen noch einmal erheblich aufquillt. Kochen Sie die Platten portionsweise je 2–3 Minuten in reichlich Salzwasser vor und legen Sie sie anschließend in eine mit kaltem Wasser gefüllte Schüssel. Geben Sie einen Löffel Öl dazu, damit die Platten nicht zusammenkleben. Vor dem Zusammensetzen auf einem sauberen Geschirrtuch nebeneinander trocknen lassen.

250 g Maggies Eiernudelteig (siehe Seite 211)
Olivenöl
500 g gegrillte Auberginen, gehackt
frisch geriebener Parmesan

BÉCHAMELSAUCE
600 ml Milch
60 g Butter
60 g Mehl
Salz
weißer Pfeffer
frisch geriebene Muskatnuß

SAHNESAUCE
5 Knoblauchzehen mit Schale
kaltes Wasser
500 ml Sahne
Salz
weißer Pfeffer
1 Bund glattblättrige Petersilie, grobgehackt

Den Nudelteig nach dem Rezept zubereiten und in 4 Platten zerschneiden, die auch nach dem Garen in eine 6 cm hohe ovale feuerfeste Form (ca. 28 x 20 cm) passen.

Für die Béchamelsauce die Milch bis kurz vor dem Sieden erhitzen und beiseite stellen. In einem zweiten Topf die Butter zerlassen und das Mehl darin anschwitzen. Unter ständigem Rühren auf mäßiger Hitze zu einer glatten, goldgelben Paste andicken. Nach und nach die heiße Milch zugeben, bis die Sauce dick und sehr glatt wird. Weiterrühren, bis die Sauce aufkocht, dann weitere 5 Minuten bei geringer Hitze köcheln lassen. Mit Salz, Pfeffer und Muskat abschmecken.

Für die Sahnesauce den Knoblauch in einem kleinen Topf mit kaltem Wasser bedeckt aufsetzen und langsam zum Kochen bringen, anschließend das Wasser abgießen. Diesen Vorgang zweimal wiederholen, damit der Knoblauch nicht mehr bitter ist. Die Zehen enthäuten. Den Topf ausspülen und den Knoblauch mit der Sahne darin bis kurz vor dem Siedepunkt erhitzen und dann vom Herd nehmen. Prüfen, ob der Knoblauch weich ist. Falls nicht, weitere 5 Minuten in der Sahne köcheln lassen. Die Knoblauchsahne in der Küchenmaschine glatt pürieren, Petersilie unterheben und abschmecken.

Den Backofen auf 180 °C vorheizen. Die feuerfeste Form einfetten und eine Nudelplatte hineinlegen. Darauf ein Viertel der Béchamelsauce und darauf ein Drittel der Auberginen sowie ein Drittel der Sahnesauce geben. Mit den übrigen Zutaten genauso verfahren, jeweils in der Reihenfolge Nudelplatte, Sauce, Auberginen, Sauce. Den oberen Abschluß bildet Béchamelsauce. Die Lasagne mit Parmesan bestreuen und mit Öl beträufeln. Rund 30 Minuten backen, bis die Oberfläche goldbraun ist und Blasen wirft. Die Lasagne vor dem Anschneiden 20–30 Minuten ruhen lassen.

ERGIBT 6 PORTIONEN

FRISCHE TOMATENSAUCE UND RESTEVERWERTUNG

Wir fügten dem Rezept manchmal Reste hinzu, etwa rund 250 ml *pappa al pomodoro* (siehe Seite 66), gekochten Kürbis oder sogar geschmorte und gehackte Artischocken. Sehr lekker ist es auch, wenn man etwas frische Tomatensauce dünn auf der letzten Schicht Béchamelsauce verteilt, bevor man den Käse darüber streut.

STEINOBST IN SÜSSEM WEIN

Was von den eingelegten Früchten übrigblieb, schmeckte uns auch noch am nächsten Tag.

Steinobst (Pfirsiche, Nektarinen, Aprikosen, Pflaumen)
Zucker
süßer Weißwein oder süßer Weißwein mit etwas Amaro vermischt

Die Früchte müssen durch und durch reif sein. Bei Pfirsichen die Haut ablösen, bei Nektarinen, Aprikosen und Pflaumen jedoch belassen. Die Früchte entsteinen und in Stücke schneiden. Diese in eine flache Schüssel legen, dabei immer wieder großzügig mit Zucker bestreuen. So viel Wein zugießen, daß die Früchte gründlich befeuchtet sind, aber keinesfalls darin schwimmen. Klarsichtfolie direkt auf die Oberfläche der Früchte drücken, so daß sie luftdicht abgeschlossen sind. Die Früchte mindestens 2 Stunden lang durchziehen lassen. Dazu Mandel-*biscotti* (siehe unten) servieren.

OBEN Auf dem Gelände der Fattoria di Corsano gab es einen Pflaumenbaum, dessen Früchte wir zum Frühstück genossen oder als Alternative zu Pfirsichen und Nektarinen für das rechts abgedruckte Rezept verwendeten.

RECHTE SEITE Verschwenderisch, wie wir waren, legten wir Pfirsiche sogar in Vin Santo ein, den kostbaren toskanischen Dessertwein. Wir hatten davon gehört, daß man in Italien *biscotti* in Vin Santo tunkt, haben es aber nie selbst ausprobiert. Paolo de Marchi, der Winzer von Isole e Olena, dessen Vin Santo auf diesem Foto neben unseren Mandel-*biscotti* (Rezept auf dieser Seite) zu sehen ist, drückte aus, was wir im stillen dachten: »Warum sollte man diesem Wein so etwas antun?«

MANDEL-BISCOTTI

Anders als die traditionellen *biscotti* werden diese Plätzchen nur einmal gebacken (*biscotto* heißt wörtlich »zweimal gebacken«). Wenn Sie Aprikosen oder Pflaumen in Süßwein einlegen, lösen Sie 2–3 Kerne aus den harten Steinen heraus und geben Sie sie gehackt zum *biscotti*-Teig, denn sie geben ein intensives Aroma ab.

180 g blanchierte Mandeln
280 g Mehl
2 TL Backpulver
1 TL Salz
125 g Butter, in Würfel geschnitten
225 g Zucker
3 Eier, leicht verquirlt
50 g Kaffeebohnen, feingehackt oder grobgemahlen
1 Prise gemahlener Zimt

Den Backofen auf 180 °C vorheizen. Die Mandeln ca. 5 Minuten auf einem Backblech goldgelb rösten, dann abkühlen lassen und im Mixer fein hacken. Mehl, Backpulver und Salz in einer Schüssel mischen und die übrigen Zutaten zugeben. Den Teig 2 Minuten durchkneten, zu einem etwa 1 cm hohen Rechteck formen und in Streifen schneiden. Die Plätzchen auf einem mit Backpapier ausgelegten Blech 25 Minuten braun und fest backen. Auf einem Kuchengitter auskühlen lassen und in einem luftdichten Gefäß aufbewahren.

ISOLE e OLENA
VIN SANTO
375ml e
BARBERINO V.E. ITALIA
VINO DA TAVOLA DELLA TOSCANA - ITALIA

Was für eine Energie, was für eine *bella figura!* Wir staunten, mit welcher Grazie die Italienerinnen in ihren hochhackigen Schuhen über das unebene Pflaster schritten. Die abendliche *passeggiata* war stets ein Erlebnis. Es gab immer etwas zu bestaunen, wenn *tout* Siena vorbeiflanierte oder sich in den Straßencafés zum Aperitif traf.

Die Piazza

Crostini mit Geflügelleber

UNTEN Im Uhrzeigersinn von links: Peter, Colin, Julie, Tony und Lisa auf Sienas wunderschöner Piazza del Campo. Im Frühherbst war dort eine riesige Menschenmenge von Einheimischen und Touristen zu beobachten, die entweder ihren Geschäften nachgingen oder aber müßig auf Pflasterstufen oder in Trattorien saßen und den Sonnenschein genossen. Bei einer solchen Gelegenheit wollte sich der Kellner über unsere Eisbestellung vor Lachen ausschütten, denn auch in Siena macht man *gelato* seltener aus *pesce* (Fisch) als aus *pesca* (Pfirsich)!

RECHTE SEITE Die in einem Palazzo mitten in der Altstadt beheimatete Cantinetta Antinori bietet zeitlose Qualität in überaus zeitgemäßem Rahmen und war unser Lieblingslokal in Florenz. Vor allem die *crostini al fegato di pollo,* deren Rezept wir bekamen, begeisterte uns. Die Hähnchenlebern wurden kurz in Wein und Brühe zusammen mit Anchovis und Kapern geschmort, püriert, kurz weitergekocht und in Gläsern abgekühlt.

Dieses urtoskanische Gericht schmeckte uns besonders gut im Ristorante La Fattoria in Tavernelle, wo man dazu Pilze serviert. Wir speisten dort im Garten mit Blick über sanftgrüne Hügel, rosafarbene Villen, Weinberge und Zypressen.

Die *crostini* mit Geflügelleber wurden bald zum festen Bestandteil unserer eigenen Küche. Allerdings gefiel uns das lokale Brot nicht besonders, denn die Kruste ist ziemlich spröde und das Brot selbst eher trocken. Wir konnten kaum begreifen, wie die Toskaner daraus überhaupt *crostini* zubereiten konnten. Später stellten wir fest, daß die »echten« *crostini* viel rustikaler waren als unsere eher an französische *croûtons* erinnernden Brote.

40 g Butter
200 g Hähnchenleber, pariert und geviertelt
8 Salbeiblätter, feingehackt
1 EL Rotweinessig
1 EL kleine Kapern
2 EL frisch gehackte glattblättrige Petersilie
8 Scheiben Baguette
Olivenöl
1 Knoblauchzehe

Den Backofen auf 200 °C vorheizen. Die Butter in einer Pfanne zerlassen und darin Leber und Salbei einige Minuten andünsten. Die Leber sollte innen noch rosa sein. Essig, Kapern und Petersilie zugeben und auf großer Flamme einkochen lassen. Das muß sehr schnell passieren, damit die Leberstücke rosa bleiben. Alles fein hacken oder in der Küchenmaschine mit wenigen Umdrehungen pürieren.

Eine Seite der Brotscheiben mit Olivenöl bepinseln und auf einem Backblech im Ofen goldgelb rösten. Die *crostini* noch heiß mit Knoblauch einreiben, die Leberpaste darauf geben und sofort servieren.

ERGIBT 8 STÜCK

ospedale
ROMA
AREZZO 58
P
PANDIT

TOMATEN-BRUSCHETTA

Die vielleicht schönste sommerliche Vorspeise der Toskana ist *bruschetta* mit Tomaten, für die nur die besten Früchte gut genug sind. Der Besitzer des Ristorante Nello La Taverna in Siena unterhielt uns mit Erzählungen aus seiner Zeit als Gastkoch in einem New Yorker Restaurant. Als er *bruschetta,* wie für jeden Toskaner selbstverständlich, aus Brot, Tomaten, Basilikum und kaltgepreßtem Olivenöl zubereiten wollte, machte sein amerikanischer Kollege einige »Verbesserungsvorschläge«: Als Unterlage solle er Raukeblätter verwenden, die Tomaten mit etwas Parmesan bestreuen und mit Balsamessig beträufeln. Außerdem sollten die Tomaten abwechselnd mit gegrillten Zucchini aufgeschichtet werden!

reife Tomaten
kaltgepreßtes Olivenöl
Basilikumblätter, zerpflückt
Meersalz
frisch gemahlener schwarzer Pfeffer
hochwertiger Rotweinessig, nach Wahl
gutes, festes Brot
1 Knoblauchzehe

Die Tomaten in 1 cm x 1 cm große Würfel schneiden und großzügig mit Öl beträufeln. Zusammen mit Basilikum, Salz und Pfeffer 30 Minuten marinieren. Wenn Sie mögen (wir mögen es nicht!), ein paar Tropfen Essig dazugeben. Die Brotscheiben über offenem Feuer oder in einer Grillpfanne rösten und noch heiß mit der Knoblauchzehe einreiben. Die Tomaten auf dem Brot aufschichten und sofort servieren.

LINKE SEITE Während eines abendlichen Ausflugs nach Siena schauten wir uns ein Viertel an, das wir bisher noch nicht besucht hatten. Die Porta Romana, ein eindrucksvolles Stadttor, gehört zur alten Stadtmauer und erinnert daran, daß Siena während ihrer Blütezeit im 13. und 14. Jahrhundert unabhängige Republik war. Über dem Tor prangt als Hochrelief das Wappen der Medici. Während wir durch die unverändert wirkenden engen Gassen schlenderten, sahen wir hoch zu hell erleuchteten Wohnungen, deren prachtvoll bemalte, mit geschnitzten und vergoldeten Holzkassetten versehenen Zimmerdecken auf ein luxuriöses Interieur hindeuteten.

UNTEN Kaffeepause in den Straßen von Florenz bei einer unserer Einkaufstouren

Nudeln mit Pinienkernen, Korinthen und Zucchiniblüten

OBEN Für einen Reisenden bietet jeder Tag neue Herausforderungen. Wo liegt das? Wie kommen wir da hin? Und was ist, wenn wir uns verlaufen und keinen Wegweiser finden?

RECHTE SEITE Nudeln gelten in Italien als Vorspeise vor dem Hauptgericht. In der Toskana ißt man insgesamt weniger Nudeln als in anderen Regionen Italiens, da man hier Brot oder eintopfartige Suppen bevorzugt. Dennoch lieben auch die Toskaner ihre Pasta. Uns schmeckten vor allem die »geschmolzenen« Zucchiniblüten gut dazu.

Inspiriert von einem Mittagessen im Ristorante Nello La Taverna in Siena, ließen wir Zucchiniblüten in Olivenöl »schmelzen« und gaben sie zu dieser Nudelsauce (siehe Foto rechts). Die Blüten besitzen ein delikates, aber doch ausgeprägtes Aroma und sind zartknackig, vor allem am Kelchansatz.

Zur Abwechslung kann man Rosinen 1 Stunde in Rotweinessig quellen lassen und anstelle der Korinthen verwenden.

50 g Korinthen
Agresto
375 g Maggies Eiernudelteig (siehe Seite 211)
250 g Zucchiniblüten, längs geviertelt
180 ml Olivenöl
50 g geröstete Pinienkerne
6 Anchovisfilets, gehackt
1 Bund glattblättrige Petersilie, frisch gehackt
Salz
frisch gemahlener schwarzer Pfeffer

Die Korinthen 20 Minuten lang in etwas Agresto einweichen und dann abschütten. Unterdessen die Zucchiniblüten in einer geschlossenen Pfanne in etwas Olivenöl weich dünsten.

Die Nudeln nach Rezept kochen. In dem restlichen Öl Korinthen, Pinienkerne und Anchovis erwärmen und dann zusammen mit den Zucchiniblüten und der Petersilie unter die Nudeln heben und kräftig würzen.

ERGIBT 4–8 PORTIONEN

Weitere Ideen für Nudelgerichte

100 g Korinthen, 50 g Brot-*croûtons,* etwas frisch gehackte glattblättrige Petersilie, 2 feingehackte Knoblauchzehen und 60 ml kaltgepreßtes Olivenöl mit den heißen Nudeln vermengen. Anchovis und Pinienkerne und/oder gedünsteter Fenchel passen ebenfalls dazu.

120 g geröstete Mandelblättchen, 2 feingehackte Knoblauchzehen, 60 ml kaltgepreßtes Olivenöl, Salz und frisch gemahlenen schwarzen Pfeffer mit den heißen Nudeln vermischen und im letzten Moment dicke Scheiben Avocado zugeben.

Gehackten Knoblauch in etwas Olivenöl anbraten, glattblättrige Petersilie, Zitronensaft und Sahne zugeben und die Sauce mit den heißen Nudeln vermengen.

Kräuternudeln mit einer Sauce aus Tomaten und roten Zwiebeln

RECHTE SEITE Die Sienesen gehören durch Geburt einer der 17 *contrade* (Stadtviertel) an, die jede ein eigenes Wappen, eigene Bräuche und sogar eigene Kirchen und Museen besitzen. Anna Rosa erzählte uns, sie gehöre zu den Adlern. Daneben gibt es noch Schnecken, Panther, Wald, Schildkröte, Einhorn, Muschel, Widder, Turm, Raupe, Drache, Giraffe, Igel, Wölfin, Welle und Gans. Die Insignien der *contrada* erscheinen auch auf den Fahnen, die während der Stadtfeste durch die Straßen getragen oder an die Mauern gehängt werden. Jeweils zehn *contrade* streiten jeden Sommer beim *palio*, dem historischen Reiterwettkampf rings um die Piazza del Campo.

UNTEN Sauce aus frischen Tomaten und roten Zwiebeln, diesmal mit weißen Nudeln

MAGGIE Im Ristorante Nello La Taverna in Siena bekam ich Nudeln mit einer Knoblauch-Tomaten-Sauce, die ebenso einfach wie köstlich war. Die Nudeln waren handgeformte *pici*, eine Spezialität aus der Gegend um Siena, die aussehen wie Würmchen. Mir gelang dieses Rezept zwar nicht, aber dafür erfand ich eine eigene Version mit hausgemachten Nudeln. Unsere würzige Pasta zusammen mit den aromatischen, reifen Tomaten konnte sich durchaus neben der Restaurantküche sehen lassen.

1 kg Eiertomaten
1 große rote Zwiebel, gehackt
125 ml kaltgepreßtes Olivenöl
2 Knoblauchzehen, feingehackt
1 Thymianzweig
Salz
frisch gemahlener schwarzer Pfeffer
375 g Maggies Eiernudelteig mit Kräutern (siehe Seite 211)

Die Tomaten entkernen und in Stücke schneiden. Die Zwiebel bei mäßiger Hitze in dem Olivenöl weich dünsten, dann den Knoblauch zugeben. Wenn beides goldgelb zu werden beginnt, die Tomaten, Thymian, Salz und Pfeffer zugeben und gut verrühren. Auf großer Flamme sprudelnd kochen, bis die Tomaten zerfallen sind und die Sauce eine sirupartige Konsistenz annimmt. Die Nudeln nach Rezept kochen. Die Sauce, falls nötig, vorsichtig erwärmen und über die Nudeln geben, erst bei Tisch vermengen.

ERGIBT 4–8 PORTIONEN

Schweinerücken mit Fenchel, Rosmarin und Knoblauch

OBEN Wir servierten den geschmorten Schweinerücken auch mit gedünsteten Artischocken (siehe Seite 72) und Kürbisgemüse.

RECHTE SEITE Sehr praktisch fanden wir die *mezzaluna*, das scharfe Wiegemesser, mit dem man eine große Menge Knoblauch oder Petersilie im Handumdrehen fein hacken kann. Die Arbeit mit dem Wiegemesser ist für Hände und Unterarme weniger anstrengend als die normale Hackbewegung.

STEPHANIE Auf meine Bitte hin, das Fleisch zu entbeinen, zeigte mir der Metzger des Ortes, wie er einen Kotelettstrang zum Braten herrichtet. Er löste das Fleisch zwar von den Rippen, jedoch nicht von den Wirbelenden, so daß das parierte Fleisch sich wieder an den Knochen schmiegt und während der langen Garzeit nicht austrocknet.

60 ml Olivenöl
2 Knoblauchzehen, sehr fein gehackt
2 Rosmarinzweige von ca. 6 cm Länge, feingehackt
1 EL feingehacktes frisches Fenchelgrün
frisch gemahlener schwarzer Pfeffer
4 kg Schweinerücken aus dem Kotelettstrang, vom Knochen gelöst
Salz
125 ml trockener Weißwein
125 ml Wasser
12 Stücke Fenchel
12 kleine Zwiebeln

Den Backofen auf 180 °C vorheizen. In einer kleinen Schüssel 2 EL Olivenöl mit Knoblauch, Rosmarin, Fenchelgrün und reichlich Pfeffer vermengen. Das Fleisch vom Knochen ziehen und ringsum mit dieser Mischung einreiben, anschließend wieder an den Knochen legen. Mit dem restlichen Kräuteröl die Fettschicht einreiben und das ganze Stück salzen.

Das Fleisch in eine feuerfeste Form legen, Wein und Wasser angießen. 2 Stunden braten, dabei alle 30 Minuten mit dem Bratensaft begießen. Nach 1 Stunde Fenchel und Zwiebeln zugeben. Den Bratensaft aus der Form durch ein Sieb in einen großen Krug gießen, 10 Minuten ruhen lassen und dann entfetten.

Die Backofentemperatur auf 200 °C erhöhen. Fleisch und Gemüse 1 weitere Stunde schmoren. Das Fleisch sollte nun durch und durch weich und die Gemüse gar sein. Beides auf einer Platte warm halten. Den Bratensaft aus der Form wiederum durch ein Sieb in einen anderen Krug gießen und 10 Minuten ruhen lassen, dann entfetten. Die beiden Bratensaftmengen zusammenschütten.

Die feuerfeste Form auf die Herdplatte stellen und bei mäßiger Hitze den Bratensaft aufkochen lassen. Alle Fleischreste von den Wänden kratzen und diesen schlichten *jus de viande* durch ein Sieb in eine warme Sauciere füllen. Zu diesem Gericht passen gedünstete Cannellini-Bohnen (siehe Seite 56). Was übrigbleibt, schmeckt auch kalt ausgezeichnet.

ERGIBT 12 PORTIONEN

Gedünstete Cannellini-Bohnen

RECHTE SEITE Bohnenkerne sind getrocknet und frisch in ganz Italien beliebt, doch frische, cremefarbene Cannellini-Bohnen und die wie hier auf dem Foto wunderschön pink und beige gezeichneten Borlotti-Bohnen sind besonders eng mit der Toskana verknüpft.

UNTEN In einem der ältesten Stadtteile Sienas, wo in den engen Gassen die Fahnen der *contrade* flatterten, trafen wir diese beiden Jungen, die für den nächsten Palio Trommeln und Fahnenschwingen übten.

MAGGIE In Italien werden die Bewohner der Toskana auch *mangiafagioli* (Bohnenesser) genannt. Unser wohl leckerstes Bohnengericht war ein schlichter Topf Cannellini in der Cantinetta Antinori von Florenz. Man servierte uns eine Schüssel absolut perfekt gedünsteter frischer Bohnenkerne, die farblich von reinweiß über creme bis zu hellgrün variierten, und dazu gab es lediglich eine Flasche Öl, die bereits auf dem Tisch stand. Dabei handelte es sich um kaltgepreßtes Olivenöl bester Qualität, von dem ich mich nach Belieben bedienen konnte. Ich nahm mir etwas mehr, als die meisten vermutlich mögen würden, gab nur etwas Salz und Pfeffer dazu – und der Himmel auf Erden tat sich auf! Obwohl ich innerlich um jeden einzelnen Bohnenkern weinte, bot ich meinen Teller den anderen selbstlos zum Probieren an. Peter hatte bei dieser Mahlzeit eine Bohnensuppe mit Nudeln bestellt, die pürierte frische Bohnenkerne enthielt. Tony bekam Thunfisch mit Bohnen als Hauptgericht (und freute sich, als er feststellte, daß es die gleichen gedünsteten Bohnen waren, die mir so gut schmeckten), zu denen eine kleine Schüssel in Scheiben geschnittene kleine weiße Zwiebeln und Olivenöl gereicht wurden. Das A und O war auch bei diesem Gericht die einmalige Schlichtheit.

600 g frisch gespaltene Cannellini-Bohnenkerne
1 frisches Lorbeerblatt
125 ml kaltgepreßtes Olivenöl
750 ml Brühe (siehe Seite 213)
frisch gemahlener schwarzer Pfeffer
Salz
½ Bund Petersilie, gehackt

Alle Zutaten außer Salz und Petersilie in einem großen Topf oder einer Pfanne bei niedriger Hitze rund 30 Minuten ohne Deckel köcheln lassen, erst danach mit Salz abschmecken. Die Petersilie zugeben. Die Bohnen »nur so« oder als Beilage zu einem Fleischgericht servieren (beispielsweise zu dem geschmorten Schweinerücken von Seite 54).

ERGIBT 8 PORTIONEN

GRIESS-GNOCCHI

MAGGIE Bei einem der Kochkurse konnten wir als Beilage zum geschmorten Schweinerücken (siehe Seite 54) keine frischen Cannellini-Bohnen auftreiben und entschieden uns statt dessen für Grieß-Gnocchi. Da Gemüse und Obst stets nur vollkommen reif angeboten werden, konnten wir nie sicher sein, was es auf dem Markt gerade zu kaufen gab, doch lernten wir schon bald zu improvisieren und einfach das Beste aus dem zu machen, was es gab. Und das war eine ganze Menge!

Das Rezept stammt aus Elizabeth Davids Buch *Italian Food.* Ich bereitete zum ersten Mal Gnocchi auf diese Weise zu und war vom Ergebnis selbst begeistert.

600 ml Milch
175 g Grieß
Salz
frisch gemahlener schwarzer Pfeffer
frisch geriebene Muskatnuß
2 Eier
frisch geriebener Parmesan
zerlassene Butter

Die Milch in einem großen Topf zum Kochen bringen. Den Grieß unter ständigem Rühren in dünnem, kontinuierlichem Strahl hineinschütten. Erneut zum Kochen bringen und unter Rühren 5 Minuten kochen, dann mit Salz, Pfeffer und Muskat abschmecken und von der Herdplatte nehmen.

Die Eier kurz mit 90 g frisch geriebenem Parmesan verquirlen und zum Grießbrei geben. Die Masse in eine 1 cm hohe gefettete, antihaftbeschichtete Pizzaform schütten und abkühlen lassen.

Den Backofen auf 200 °C vorheizen. Den erkalteten Grießbrei in Spalten schneiden, jedes Stück mit zerlassener Butter bestreichen und mit etwas Parmesan bestreuen. Auf einem mit Backpapier ausgelegten Blech 5–10 Minuten goldgelb backen und vorsichtig auf Teller gleiten lassen. Die Gnocchi brechen leicht durch.

ERGIBT 6 PORTIONEN

GEDÜNSTETER FENCHEL

Diese köstliche Gemüsebeilage paßt ausgezeichnet zum geschmorten Schweinerücken und kann separat zubereitet werden, falls in der feuerfesten Form nicht genügend Platz für den Fenchel sein sollte (siehe Seite 54).

2 Fenchelknollen, geviertelt
2 EL Olivenöl
500 ml Brühe (siehe Seite 213)
2 EL grobgehackte frische Petersilie
2 EL grobgehackte frisches Fenchelgrün
frisch gemahlener schwarzer Pfeffer

Die Fenchelviertel in eine ausreichend große Pfanne legen und mit Olivenöl beträufeln. Auf dem Herd kurz anbraten, bis das Öl zu zischen beginnt. Den Fenchel wenden und die Brühe angießen. Den Deckel aufsetzen, damit die Flüssigkeit nicht verdampft, und die Hitze so weit herunterstellen, daß die Brühe gleichmäßig köchelt. Sollte noch etwas Brühe übrig sein, wenn der Fenchel gar ist, dann kurz auf großer Flamme einkochen lassen. Die Pfanne vom Herd nehmen und den Fenchel wenden, damit er gleichmäßig mit der sirupartigen Sauce überzogen ist. Mit den Kräutern bestreuen, pfeffern und sofort servieren.

ERGIBT 4–6 PORTIONEN

UNTEN Auf einem der vielen Spaziergänge durch Siena machten zwei von unserer Gruppe einen Umweg durch steile, enge gepflasterte Gassen, die sich zwischen Häuserreihen hindurchwanden. Den Schildern an den Hauswänden zufolge stammten die Gebäude aus der Zeit zwischen 1619 und 1632. Kinder gingen von der Schule zum Mittagessen nach Hause. Alte Damen wanderten untergehakt vorüber. Überall roch es nach kochendem Nudelwasser und frischen Pilzen. Und überall hing Wäsche zum Trocknen auf der Leine.

SV PEUGEOT

Mit amaretti gefüllte Pfirsiche in Blutorangensauce

Die auf dem Markt entdeckten Blutorangen gaben diesem delikaten Dessert den letzten »Kick«, aber auch »normale« Orangen hätten uns gute Dienste geleistet. (Julies Cocktails aus Blutorangensaft und Campari waren übrigens ebenfalls ein Renner!)

6 Pfirsiche
150 g amaretti, zerbröselt
1 Ei
2 EL grobgehackte ungeschälte Mandeln
2 EL brauner Zucker
Butter
250 ml frisch gepreßter Blutorangensaft

Den Backofen auf 180 °C vorheizen. Die Pfirsiche halbieren und entsteinen. Mit einem Löffel etwas Fruchtfleisch herausschaben, hacken und mit den *amaretti*-Bröseln, dem Ei, den Mandeln und dem braunen Zucker vermischen. Diese Masse in die Vertiefungen in den Pfirsichhälften drücken. Eine ausreichend große feuerfeste Form großzügig mit Butter einfetten und die Früchte hineinlegen. Den Blutorangensaft zugießen. 30 Minuten backen, bis die Pfirsiche weich, aber noch in Form sind. Heiß, warm oder kalt mit dem Orangensirup als Sauce servieren.

ERGIBT 6 PORTIONEN

Ingwerfüllung

Eine Alternative zur Füllung bietet das Rezept auf Seite 62.

LINKE SEITE Die Via de' Tornabuoni in Florenz ist eine Straße voller sehenswerter Geschäfte (und sehenswerter Menschen).

UNTEN Daß die Italiener sich soviel Sinn für das Schöne bewahrt haben, liegt vielleicht auch daran, daß sie ständig zwischen den eindrucksvollen Überresten ihrer großartigen Geschichte leben und die Patina des Alters genauso aufregend finden wie alles Neue.

Amaretti-Mandel-Ingwer-Füllung

Diese Füllmasse für Steinfrüchte unterscheidet sich von der auf der vorherigen Seite insofern, als Butter anstelle von Ei verwendet wird.

60 g ungeschälte Mandeln (einschließlich 3 Bittermandeln)
80 g amaretti, zerbröselt
60 g Butter
2 TL Weinbrand
1 EL feingehackter kandierter Ingwer
125 ml Agresto

Den Backofen auf 180 °C vorheizen. Die Mandeln 5–10 Minuten auf einem Backblech rösten, dabei ab und zu schütteln, damit sie nicht anbrennen. Beiseite stellen und abkühlen lassen, dann in der Küchenmaschine fein hacken. Mandeln, *amaretti*-Brösel, Butter, Weinbrand und Ingwer vermengen und die Pfirsiche wie auf Seite 61 beschrieben mit dieser Masse füllen. Die Pfirsiche in eine großzügig gebutterte feuerfeste Form legen, den Agresto zugießen und nach Anweisung backen.

Ergibt 6 Portionen

Bittermandeln

Bittermandeln sind traditioneller Bestandteil von Marzipan und geben ihm sein besonderes Aroma. Man bekommt sie nur sehr schwer, doch bei uns in Australien haben die meisten Mandel- und Nußfarmer auch ein oder zwei Bittermandelbäume. Man verwendet Bittermandeln grundsätzlich nur in winzigen Mengen (zumal sie Blausäure enthalten) und lagert sie am besten im Gefrierfach, damit sie länger frisch bleiben.

Das Pfirsichrezept läßt sich nochmals leicht abwandeln, wenn man zu den 60 g Mandeln 3 bittere gibt, sie nach Anweisung röstet und dann aus den Mandeln, 80 g zerbröselten *amaretti*, 60 g dunkelbraunem Zucker, 1 Eigelb, 3 Teelöffeln Weinbrand und 20 g Butter die Füllung zubereitet. Die Pfirsiche wie angegeben in Agresto garen.

RECHTE SEITE Colin und Peter erledigten den größten Teil unserer Einkäufe in Siena und mußten die schweren Taschen zum Lieferwagen schleppen, der stets nur außerhalb der Stadtmauern geparkt werden durfte.

FOLGENDE DOPPELSEITE Die muschelförmige Piazza del Campo aus dem 14. Jahrhundert ist einer der schönsten Plätze Europas. Vom Palazzo Pubblico aus unterteilen acht weiße Linien die riesige Fläche in neun Segmente. Sie stehen für den »Rat der Neun«, der im 13. und 14. Jahrhundert die Geschicke der Stadt lenkte.

UNTEN Die große Auswahl internationaler Zeitungen zeigt, daß sich auch die Kioskbesitzer auf die vielen Touristen eingestellt haben.

istorante

PIZZERIA
SPADA FORTE

OTTICA
GELATERIA BAR · FONTE GAIA

PAPPA AL POMODORO

RECHTE SEITE Eine *pappa al pomodoro* ist nur so gut wie ihre Zutaten: Erstklassige Tomaten, gutes Brot und vor allem besonders hochwertiges grünes Olivenöl müssen es schon sein. In der Verwendung von altbackenem Brot spiegelt sich der Erfindungsgeist der Toskaner.

UNTEN Sienas puderrosa Dachziegel und Backsteine überziehen öffentliche und private Gebäude mit einem warmen Hauch. Das für den Autoverkehr gesperrte Straßengewirr innerhalb der umwallten Stadt bietet dem Spaziergänger immer wieder unerwartete Bilder.

MAGGIE Gegen Ende unseres Aufenthaltes führte uns Stephanie in Siena zu einem Restaurant, das uns ein Bekannter empfohlen hatte. Zunächst war ich etwas enttäuscht, weil die Kellner alle so vornehm im weißen Hemd mit Fliege herumliefen und in fließendem Englisch die vielen anderen Touristen bedienten. Angesichts meines ohnehin mäßigen Appetits bestellte ich lediglich eine *pappa al pomodoro*, doch zu meiner Überraschung bekam ich ein ganz rustikales, dabei aber vorzügliches Gericht, dessen Aroma meine Lebensgeister im Nu wieder weckte, zumal ich mir nach dem Vorbild der Toskaner aus grünem kaltgepreßtem Olivenöl ein großes »C« darauf träufelte.

2 Knoblauchzehen, feingehackt
kaltgepreßtes Olivenöl
1 kg reife Tomaten, entkernt und gehackt
1 kleine Handvoll frische Basilikumblätter, grobgehackt oder zerpflückt
frisch gemahlener schwarzer Pfeffer
Salz
1 l Brühe (siehe Seite 213)
500 g Brot vom Vortag, entrindet
frisch geriebener Parmesan

In einem großen Topf den Knoblauch kurz in etwas Öl anrösten, Tomaten und Basilikum zugeben und pfeffern. 5 Minuten andünsten, dann salzen. Die Brühe zugeben und zum Kochen bringen. Das Brot in 1 cm x 1 cm große Würfel schneiden und ein paar Minuten unter Rühren mitkochen. Zugedeckt auf kleinster Flamme 30 Minuten lang garen. Die Gewürze zugeben und die Suppe in Suppenteller füllen. Jede Portion mit 2 Eßlöffeln Olivenöl beträufeln und heiß, warm oder kühl (jedoch niemals eiskalt) servieren. Den Parmesan separat dazu reichen.

ERGIBT 8–10 PORTIONEN

Gefüllte Paprikaschoten

Zusammen mit den rechts vorgestellten Kartoffeln bilden diese Paprikaschoten eine leichte Hauptmahlzeit oder eine gehaltvolle Vorspeise. Sie schmecken auch am nächsten Tag noch kalt, wenn man sie in Scheiben geschnitten zu einer Antipasti-Platte gibt.

6 rote Paprikaschoten
kaltgepreßtes Olivenöl
150 g Brot vom Vortag, entrindet
250 ml Milch
500 g frische Schweinsbratwürste
2 Knoblauchzehen, feingehackt
2 Eier

OBEN Beim Paprikakauf
UNTEN Schweinsbratwürste für die gefüllten Paprikaschoten

Den Backofen auf 200 °C vorheizen. Die Paprikaschoten längs halbieren und das Samengehäuse herauslösen. Die Schoten innen und außen mit Olivenöl bestreichen und mit der Haut nach oben 10 Minuten backen.

Das Brot in der Küchenmaschine fein zerkrümeln. 2 Eßlöffel davon beiseite stellen, den Rest in eine Schüssel geben, mit der Milch verrühren und 5 Minuten quellen lassen. Die Brotkrumen ausdrücken und die überschüssige Milch wegschütten.

Die Haut von den Würsten abziehen und wegwerfen. Das Wurstbrät in einer Schüssel mit dem Knoblauch vermengen, die Eier und Brotkrumen zugeben und gut vermischen. Die Paprikaschoten mit dieser Masse füllen und in eine mit Öl eingefettete Auflaufform legen. Mit den beiseite gestellten Brotkrumen bestreuen und mit Olivenöl beträufeln. 20 Minuten backen. Die Füllung sollte fest und an der Oberfläche goldgelb sein.

ERGIBT 6–12 PORTIONEN

Füllungen

Die Füllung läßt sich gut abwandeln. Man kann dazu Bratenreste, Kartoffelbrei oder gegrillte Auberginen verwenden. Wichtig ist vor allem, die Masse kräftig zu würzen und die Schoten nicht zu voll zu machen, damit die Füllung beim Garen schön saftig bleibt.

KARTOFFELN MIT KAPERN

Die Grundlage für dieses Gericht bildeten die hervorragenden gelbfleischigen Kartoffeln, die wir auf den Wochenmärkten kauften. Am besten eignen sich vorwiegend festkochende Sorten wie beispielsweise Hela, Grata oder Clivia.

1 kg kleine Kartoffeln mit Schale, gründlich gesäubert
2 EL Agresto
80 ml kaltgepreßtes Olivenöl
einige Zweige glattblättrige Petersilie, grobgehackt
2 EL kleine Kapern
frisch gemahlener schwarzer Pfeffer
Salz, nach Wahl

Die Kartoffeln gar kochen und abschütten. Den Topf zurück auf die Flamme stellen, damit die restliche Flüssigkeit verdampft, dann die Kartoffeln mit Agresto beträufeln und ihn zischend verkochen lassen. Vom Herd nehmen, die heißen Kartoffeln halbieren, damit das Öl besser einziehen kann, und zurück in den Topf geben. Die übrigen Zutaten hinzufügen und gründlich vermengen. In einer vorgewärmten Schüssel servieren.

ERGIBT 6 PORTIONEN

OBEN Siena ist eine Stadt, mit der man schnell warm wird. Sie ist auch für Neuankömmlinge überschaubar. In den engen Gassen mit den vielen Fachgeschäften findet man sich rasch zurecht, und schon nach wenigen Besuchen wird man in der Trattoria an der Ecke vom Kellner lächelnd als Stammgast begrüßt.

KANDIERTE ZITRUSSCHALEN

Diese köstliche Süßigkeit kann für sich gegessen oder gehackt an Kuchen, Zuckerguß oder Desserts gegeben werden. Wählen Sie Früchte mit dicker Schale, und verwahren Sie die Schalen von ausgepreßten Zitronen oder Grapefruits (man kann sie einfrieren, bis man eine ausreichende Menge beisammen hat).

Grapefruit- oder Zitronenschalen, halbiert
Zucker
feinster Zucker

Jede halbe Schale in 4–6 Stücke schneiden, dabei die weiße Innenhaut heil lassen. Die Stücke in einen Topf legen und mit kaltem Wasser bedeckt zum Kochen bringen, das Wasser abschütten. Diesen Vorgang noch zweimal wiederholen, damit die Schalen ihren bitteren Beigeschmack verlieren, dann gründlich abtropfen lassen.

Die Schalen auswiegen und mit der gleichen Menge Zucker in den Topf zurückgeben. Sachte kochen, bis sich der Zucker vollständig aufgelöst hat, dann etwa 1 Stunde lang köcheln lassen, bis die Schalen durchscheinend werden. Die Schalen abtropfen und auf einem Kuchengitter trocknen lassen. Es kann einige Tage dauern, bis die Stücke durch und durch trocken sind. Nach 12 Stunden wenden. Nach dem Trocknen die Schalen in Zucker wälzen und in luftdichten Gefäßen aufbewahren.

Wir durchwanderten die Wälder nahe der Villa oder weiter weg in den Hügeln des Chianti. Wir stellten uns vor, daß dort Wildschweine leben, sahen aber nur Hasen, Fasane und Rehe. Daneben entdeckten wir winzige wilde Alpenveilchen, Herbstkrokusse, Wildkräuter und Wacholderbüsche mit reifen Beeren.

Der Wald

In Olivenöl gedünstete Artischockenherzen mit Lorbeer

OBEN UND RECHTE SEITE Die auf den Märkten angebotenen Artischocken waren unschlagbar aromatisch. Bei einer Gelegenheit mischten wir Reste einer *salsa agresto* (siehe Seite 23) mit Resten einer *panzanella* (siehe Seite 181) und verwendeten diese Masse als Füllung für Artischocken und Karden, die anschließend mehrere Stunden lang bei mäßiger Hitze gebacken wurden.

Artischocken kann man auf unterschiedliche Weise lecker zubereiten. Sie schmecken wie hier beschrieben in Olivenöl gedünstet ebenso gut wie mit anderen Gemüsen gemischt als Salat oder Teil einer Antipasti-Platte, heiß mit einem schlichten Dressing oder auch gefüllt.

1–2 Artischocken pro Person
Zitronensaft
2–3 zerstoßene Pfefferkörner pro Person
½ frisches Lorbeerblatt pro Person, durchgerissen
Olivenöl
Wasser
frisch gehackte Kräuter

Mit einem scharfen Messer von jeder Artischocke das obere Drittel bis die Hälfte abschneiden und wegwerfen. Die Schnittflächen sofort mit Zitronensaft einreiben, damit sie nicht schwarz werden. Die äußeren Blätter abziehen, bis nur noch die helleren, gelbgrünen Innenblätter zu sehen sind. Den Stengel schälen und wiederum alle Schnittflächen sofort mit Zitronensaft einreiben. Die Artischocken vierteln und mit einem Teelöffel oder Kugelausstecher das Heu herauslösen. Alle Flächen noch einmal mit Zitronensaft bestreichen.

Die Artischocken mit Pfeffer und Lorbeerblättern in eine schwere Email- oder Edelstahlpfanne legen. Wasser und Olivenöl zu gleichen Teilen mischen und zugießen. Die Artischocken darin garen, bis alles verdampft ist. Einen Spritzer Zitronensaft zugeben und die frischen Kräuter unterheben. Diese Artischocken schmecken ausgezeichnet zu frisch gekochten Nudeln oder separat gegarten frischen bzw. getrockneten Cannellini-Bohnen.

In Öl geschmort

Wenn Sie reichlich Olivenöl da haben, können Sie als Variante zu diesem Rezept die Artischocken, Lorbeerblätter und zerdrückten Pfefferkörner in Olivenöl garen, jedoch nur gerade eben köcheln lassen. Die Artischocken im Öl erkalten lassen und mit gehackter glattblättriger Petersilie, etwas Kochflüssigkeit und einem Spritzer Zitronensaft servieren.

Gemüsepfanne

Das Gericht läßt sich mühelos in eine vegetarische Hauptmahlzeit verwandeln. Geben Sie 1–2 kleine Kartoffeln und 1–2 kleine Möhren pro Person dazu. Die Gemüse wie beschrieben 25 Minuten in Olivenöl dünsten, bis sie gar, aber noch bißfest sind, dann erst die Artischocken zugeben und wie beschrieben fortfahren.

Pernice

Steinpilze im Weinblattmantel

Im Herbst bietet jede italienische Trattoria *funghi porcini* auf vielerlei Weise zubereitet an. Oft liegen die Pilze am Eingang zu einem Stilleben aufgeschichtet, mal mit grünen Blättern dekoriert, häufig daneben ein Strang getrocknete Fettuccine drapiert. Den gleichen Brauch findet man übrigens im Frühling mit Spargel und im Sommer mit Erdbeeren. Er zeigt, wie sehr die Menschen die Genüsse der jeweiligen Saison zu schätzen wissen. Besonders tief beeindruckte uns in dieser Hinsicht das Schaufenster eines schönen alten Florentiner Cafés, wo Steinpilze aus Baiser gemeinsam mit herbstlichen Marzipanfrüchten ein nachgebildetes Waldstück bevölkerten.

4–6 frische Weinblätter pro Person
2–3 Steinpilze pro Person
2 EL kaltgepreßtes Olivenöl pro Person
1 Knoblauchzehe pro Person, in Scheiben geschnitten
1 gekochte Kartoffel pro Person
1 EL gehackte angebratene pancetta pro Person
Salz
frisch gemahlener schwarzer Pfeffer

RECHTE SEITE Beim Einkauf empfiehlt es sich, jeden einzelnen Steinpilz genau in Augenschein zu nehmen, vor allem die Stiele, in denen sich oft Würmer verbergen. Die Stiele sollten fest und glatt und keinesfalls schwammig sein. Längs halbiert oder blättrig geschnitten schmecken sie gebraten oder gegrillt hervorragend.

Den Backofen auf 180 °C vorheizen. Die Weinblätter waschen und trockentupfen. Die Steinpilze abwischen oder abbürsten und putzen. Die Stiele abschneiden, die schmutzigen Enden wegwerfen und den Rest blättrig schneiden.

Eine relativ flache, breite Tonform möglichst mit Deckel wählen, in der alle Steinpilze in höchstens zwei dichten Lagen Platz haben. Die Form mit etwas Olivenöl einpinseln und mit der Hälfte der Weinblätter auslegen, die sich überlappen sollten, damit keine Löcher bleiben. Die Pilzhüte hineinlegen, dazwischen die Knoblauch- und Stielscheiben streuen. Die Kartoffeln würfeln und zusammen mit der *pancetta* zu den Pilzen geben, salzen und pfeffern. Fast das ganze Olivenöl zugießen und mit den restlichen Weinblättern abdecken. Den letzten Rest Öl oben auf die Blätter träufeln. Die Form schließen und mindestens 45–60 Minuten backen. Während der letzten 10 Minuten ohne Deckel weiterbacken, damit die obersten Blätter leicht kroß werden. Den Deckel vor dem Servieren wieder auflegen, damit die Gäste das volle Aroma genießen können.

Gegrillte Steinpilze

Steinpilze sind fleischiger als Zuchtchampignons und benötigen deshalb etwas länger. Man grillt sie mit dem Hut nach unten. Bei einem Elektrogrill läßt man die Pilze mit der Hutseite zur Heizschlange gedreht länger garen, bevor man sie umdreht. Steinpilze können nach dem Grillen blättrig geschnitten oder portioniert und zu gegrillter Polenta serviert werden (siehe Seite 106).

FLORAS WILDSCHWEINSAUCE ZU NUDELN

UNTEN Mit festen Mengenangaben konnte Flora nicht viel anfangen. Sie verließ sich lieber auf ihr intuitives Wissen als erfahrene Köchin, ihr Gefühl und ihre Fingerfertigkeit. Vor Publikum lief sie zu unschlagbarer Form auf!

STEPHANIE Bei einem Tagesausflug ins Chianti besuchten wir Ann und Aldo, die dort zehn Jahre zuvor ein verfallenes Anwesen inklusive einer winzigen Kirche gekauft hatten. Gerade wegen der Kapelle waren die beiden von vornherein sicher, daß das Anwesen eine tolle Aussicht haben mußte, denn die Kirchenfürsten sorgen seit jeher dafür, daß Gottes Wohnungen in bevorzugter Lage gebaut werden! Ann und Aldo hatten tatsächlich recht behalten, denn von jedem Punkt aus glitt der Blick über silbergrüne Olivenhaine, in denen die Erde zwischen den Bäumen nach einem Regen grün überwuchert war, zu den Äckern, Schlössern und Kirchen, den wenigen anderen Villen und weiter zu den dicht bewaldeten steilen Hügeln mit ihrer vielfältigen Tier- und Pflanzenwelt.

Bei unserer Ankunft war Flora in der Küche bei der Arbeit. Sie ist seit vielen Jahren Anns Haushaltshilfe und ein echtes Original. Sie hatte eingewilligt, für unsere Gruppe traditionelle Gerichte zu kochen, und Maggie und mich eingeladen, ihr bei den Vorbereitungen zuzuschauen. Als wir schon über die Küche in Begeisterung ausbrachen,

fragte sie Ann nur trocken: »Wollen Sie heute etwas essen oder erst morgen?« Also machten wir uns ganz klein und beobachteten, wie sie 14 Eier mit 1,5 Kilo Mehl verknetete, ohne daß ein Stäubchen zu Boden fiel. Sie stieß die Teigkugel mehrmals kraftvoll auf die Marmorplatte, drehte den Teig dann immer wieder wie einen Kreisel um sich selbst und rollte ihn schließlich aus. Dazu verwendete sie ein eigentümliches, mindestens einen Meter langes dünnes Nudelholz. Sie halbierte zunächst den Teig und walzte jede Kugel für sich mit kräftigen Bewegungen aus, schlug den Teig um das Nudelholz und rollte ihn erneut aus, bis er schließlich papierdünn war und den zwei Meter langen Küchentisch komplett bedeckte. Dann bestreute sie ihn mit feinem Grießmehl und ließ ihn trocknen. »Je trockener er ist, um so besser, aber wir schneiden ihn, sobald wir so weit sind«, sagte Flora und wandte sich der Wildschweinsauce zu, die es zur Pasta geben sollte.

Nur wenige von uns werden je Gelegenheit haben, ein *cinghiale* zuzubereiten, eines der wilden Schweine, die von Ungarn nach Italien importiert wurden und für die toskanischen Winzer zu echten Plagegeistern geworden sind. Eine passende Alternative böten Hase oder Zicklein, obwohl die toskanischen Wildschweine eigentümlicherweise viel milder im Geschmack sind. Wenn Sie den Wildgeschmack nicht so mögen, sollten Sie den Hasen zuvor wässern, was bei Zicklein allerdings nicht nötig ist.

Flora kocht mit dem, was sie gerade zur Hand hat, und schätzt die Mengen nach der Erfahrung. Da Aldo es nicht mag, wenn die Sauce allzu dominant nach Rosmarin schmeckt, verwendet Flora einen Rosmarinzweig im Ganzen und nimmt ihn hinterher wieder heraus.

Die Wildschweinstücke werden mit mehrfach gewechseltem kaltem Wasser mehrere Stunden lang gewässert, bis kein Tropfen Blut mehr austritt. Einige Zwiebeln, Möhren und Selleriestangen hacken (diese Mischung nennt man *battuto*) und Salbei, Rosmarin und ein Lorbeerblatt zusammenbinden. Das Fleisch trockentupfen und 12 Stunden lang in einer Glasschüssel mit den Gemüsen und Kräutern sowie einem Glas Rotwein marinieren. Die Marinade abschütten.

Eine großzügige Menge Olivenöl in einen Schmortopf geben und das Fleisch darin anbraten, dabei ein wenig Wasser zugeben, damit es »wie eine Grille zirpt«, wie Flora sagte. Etwas *battuto* und Kräuter (nicht zu viel Rosmarin) und etwas gehackten Knoblauch zugeben. Mindestens 1 Stunde braten, bis die Zwiebel am Topfboden zu karamelisieren beginnt, dann ein Glas Rotwein zugeben. Etwas hausgemachte frische Tomatensauce zugießen und mit Salz und frisch gemahlenem schwarzem Pfeffer würzen. Das Fleisch unter häufigem Rühren weich kochen. Die Sauce wird ziemlich dick.

Das Fleisch aus der Sauce nehmen und mit dem Wiegemesser fein hacken. Zurück in die Sauce geben und, falls nötig, nochmals erhitzen. Zu breiten Bandnudeln servieren.

FOLGENDE DOPPELSEITE In der Toskana müssen nach den gesetzlichen Vorschriften bei Neubauten die Abmessungen und Proportionen der früheren Gebäude beibehalten werden, zudem dürfen nur traditionelle Baustoffe verwendet werden. Dadurch ist nicht nur gewährleistet, daß die Häuser ortstypisch und ansehnlich werden, sondern auch, daß es nie an geschickten Steinmetzen und Zimmerleuten fehlt, die mit den mächtigen Balken auch umgehen können. Das Haus von Ann und Aldo ist heute eines der schönsten, die wir je gesehen haben. Das Foto zeigt den für ein Mittagessen für 20 Personen gedeckten Tisch.

GEGRILLTE TAUBE

OBEN Beim ersten Mal grillten wir Tauben über einem Holzfeuer und servierten dazu eine Brombeer-Zwiebelsauce (siehe Seite 81), doch als wir beim nächsten Mal keine Brombeeren bekamen, mußten wir uns etwas anderes ausdenken. Einmal bereiteten wir eine Sauce aus zerdrückten Weintrauben und bei einer anderen Gelegenheit einen Schmortopf aus Zwiebeln, Oliven und dem herrlichen toskanischen *cavolo nero* (Schwarzkohl) zu, der auf diesem Foto zu sehen ist. Das Rezept finden Sie auf der rechten Seite.

STEPHANIE Die Tauben waren riesig – über ein Pfund das Stück! Tony, der sie über seinem Spezial-Lorbeerfeuer grillte, erklärte sogar, sie sähen aus wie Flugsaurier.

Im Garten von Stephanies Restaurant hatte ich einen sehr üppigen Myrtenbaum. Er gehört zu den Dingen, die ich mit Beendigung dieser Lebensphase zu meinem Bedauern ebenfalls zurücklassen mußte.

Tauben
Salz
frisch gemahlener schwarzer Pfeffer
Olivenöl
frische Lorbeerblätter, Rosmarinzweige oder Myrtenzweige

Bei jeder Taube das äußere Flügelstück abschneiden und in eine Schüssel legen. Kopf und Hals, falls noch vorhanden, ebenfalls abschneiden und in die Schüssel legen. Die Haut am Hals nicht zu knapp am Körper abschneiden, da sie beim Garen schrumpft, so daß das Brustfleisch zum Teil freiliegen und trocken werden würde. Die Haut am Hals vorsichtig von der Brust wegschieben und das unter dem Fleisch sitzende Brustbein entfernen. Dazu mit einem scharfen kleinen Messer am Brustbein bis zum Ansatz der beiden Schlüsselbeine entlangfahren. Mit den Fingern das Brustbein herauslösen und in die Schüssel legen. Mit einer Küchenschere den Rücken jeder Taube rechts und links vom Rückgrat durchschneiden und das Rückgrat zu den anderen Teilen in die Schüssel legen. Den Vogel mit der Haut nach unten auf das Brett legen und am Rücken auseinanderziehen. Soweit noch vorhanden, Herz und Leber herausnehmen und in die Schüssel geben. Die Taube unter kaltem Wasser waschen, mit Küchenpapier trockentupfen und auf eine Platte legen. Das Brett gründlich reinigen und trocknen, dann die Taube wieder darauf legen, diesmal mit der Haut nach oben. Den Vogelkörper mit dem Handballen fest zusammendrücken, damit er noch flacher wird.

Jede Taube salzen und pfeffern, mit Olivenöl einpinseln und mit Lorbeerblättern, Rosmarin oder Myrtenblättern bestreuen. Die Vögel vor dem Grillen zugedeckt bei Raumtemperatur bis zu 1 Stunde ruhen lassen. Wenn bis zum Grillen mehr Zeit vergeht, sollten Sie sie vorsichtshalber im Kühlschrank aufbewahren.

Zum Grillen der Tauben ein Holzfeuer anfachen und etwas herunterbrennen lassen. Die Tauben von der Platte nehmen, überschüssiges Öl abtupfen (es würde in die Flammen tropfen und sie hochschlagen lassen) und mit der Brustseite nach unten auf den Grill legen. Nach 6–8 Minuten wenden und die Haut nochmals 2 Minuten kroß werden lassen. Auf eine vorgewärmte Platte legen und rund 5 Minuten ruhen lassen, dann zerteilen und zusammen mit gedünsteten Zwiebeln, Oliven und Schwarzkohl (siehe Seite 81) servieren, dazu *crostini* mit Taubeninnereien reichen (siehe Seite 86). Nach dem Essen freuen sich alle Mitstreiter bei Tisch über ein heißes, feuchtes Tuch zum Erfrischen.

Geschmorte Zwiebeln, grüne Oliven und Schwarzkohl

Die flachen roten Zwiebeln der Toskana schmeckten uns besonders gut, denn sie waren mild und so klein, daß man sie sogar im Ganzen verwenden konnte. Man bekam sie im Supermarkt bereits gepellt, doch zogen wir die äußere Haut ebenfalls noch ab. *Cavolo nero,* der toskanische Schwarzkohl, ist außerhalb Italiens kaum zu bekommen. Neben seinem ausgeprägten Eigengeschmack hat dieses Gemüse im Gegensatz zu anderen Kohlsorten den Vorteil, daß es beim Kochen knackig bleibt. Probieren Sie statt *cavolo nero* auch einmal Mangold oder die bei uns ebenfalls selten angebotenen *broccoletti.*

kleine Zwiebeln
Olivenöl
Brühe (siehe Seite 213)
grüne Oliven
Schwarzkohl

In einer großen Pfanne mit Deckel die Zwiebeln in etwas Olivenöl und gerade so viel Brühe kochen, daß sie halb in der Flüssigkeit liegen: Nach 15 Minuten die Oliven hinzufügen und den in feine Streifen geschnittenen Schwarzkohl unterheben. Wenn die Zwiebeln gar sind, ist der Kohl blauschwarz und die Brühe zu glänzendem, dickem Saft eingekocht.

Brombeer-Zwiebel-Sauce

Zu Hause in Australien lieben wir diese Sauce heiß und innig als Beilage zu Tauben, konnten sie jedoch in Italien nicht kochen, weil es keine Brombeeren gab.

12 Perlzwiebeln, gepellt
3 Scheiben pancetta, gehackt
1 EL Olivenöl
Wasser
500 g Brombeeren (oder mehr)
120 ml Rotwein

Zwiebeln und *pancetta* in einer Pfanne in dem Olivenöl anbraten. Etwas Wasser zugießen und zugedeckt kochen, bis die Zwiebeln knapp gar sind. In einem Topf die Brombeeren mit dem Wein köcheln lassen und dann durch die feinste Scheibe eines Passiergerätes streichen, damit nur der reine Saft übrig bleibt. Den Brombeercoulis zu den Zwiebeln geben und erst unmittelbar vor dem Servieren kurz erhitzen.

Ergibt 6 Portionen

OBEN *Cavolo nero* fanden wir geradezu aufregend. Mit ein wenig Knoblauch in Öl gedünstet, wurde er zu einem leckeren Belag für *crostini.* Wir schmorten ihn auch mit Zwiebeln und grünen Oliven. Kleingehackte Schwarzkohlstücke verliehen einer Minestrone geheimnisvoll dunkle Akzente.

FOLGENDE DOPPELSEITE Einmal gingen wir zur Vesper ins Kloster Sant'Antimo bei Montalcino, das im 8. Jahrhundert von Karl dem Großen gegründet worden sein soll, im wesentlichen jedoch erst vier Jahrhunderte später erbaut wurde. Das Innere der Abtei war wunderschön. Die massiven Säulen waren glatt und alles andere als überladen. Auch die Akustik war bemerkenswert gut. Obwohl die drei Augustinermönche ihre Stimmen kaum zu erheben schienen, erfüllten sie mit ihrem Gesang mühelos die ganze Kirche und klangen lange nach.

Borlotti-Bohnen mit Pancetta

VORHERGEHENDE DOPPELSEITE Durch den Dunst gemächlich auf die hell erleuchtete Abtei zuzufahren, war ein geradezu überirdisches Erlebnis.

RECHTE SEITE Ausschnitt aus Taddeo de Bartolos *San Gimignano in trono e i suoi miracoli* im Museo Civico von San Gimignano

UNTEN Das Hauptportal zur Villa di Corsano

Diese delikaten Bohnen servierten wir manchmal anstelle der geschmorten Zwiebeln (siehe Seite 81) zu gegrillten Tauben, aber sie schmecken genausogut zu Kaninchen oder sogar ohne Fleisch nur mit Brot. Das kaltgepreßte Olivenöl muß ein ausgeprägtes Aroma aufweisen, doch bei unserem Aufenthalt in der Toskana litten wir daran wirklich keinen Mangel!

Da wir die Taubenkarkassen ohnehin übrig hatten, verwendeten wir für die Bohnen Taubenbrühe, man kann aber genausogut Hühnerbrühe nehmen. Taubenbrühe muß eventuell mit etwas kaltem Wasser gestreckt werden.

12 Scheiben pancetta
1 kg frisch gepalte Borlotti-Bohnen
12 Knoblauchzehen, gepellt
Tauben- oder Geflügelbrühe (siehe Seite 213)
etwas Wasser, nach Wahl
1 Rosmarinzweig
kaltgepreßtes Olivenöl
Salz
frisch gemahlener schwarzer Pfeffer

Den Backofen auf 200 °C vorheizen, die *pancetta* einige Minuten lang auf einem Backblech knusprig rösten und beiseite stellen. Die Bohnen mit den Knoblauchzehen in einen Schmortopf geben und gerade so viel Brühe zugießen, daß sie bedeckt sind (ist die Brühe sehr kräftig, etwas Wasser zugeben). Rosmarin, Olivenöl und Gewürze zugeben. Zugedeckt leicht köcheln lassen (evtl. ein Drahtgeflecht unterlegen). Die Bohnen sollten gerade noch Biß haben, aber keinesfalls zerfallen, das dauert rund 45 Minuten. Die Bohnen in ein wenig Kochflüssigkeit abkühlen lassen und dann abschütten. Den Rosmarin wegwerfen, die gekochten Bohnen mit den weichen Knoblauchzehen und der knusprigen *pancetta* vermengen und mit Olivenöl beträufeln. Vor dem Servieren abschmecken.

ERGIBT 6 PORTIONEN

Crostini mit Taubeninnereien

Aus den Lebern, Mägen und Herzen der Tauben, die wir für den Grill vorbereiteten (siehe Seite 80), bereiteten wir wundervolle *crostini* und *bruschette* zu.

100 g durchwachsener Räucherspeck, feingewürfelt
8 Taubenherzen, halbiert
8 Taubenmägen, feingehackt
18 Taubenlebern, pariert
Olivenöl
1½ Zwiebeln, feingehackt
3 Knoblauchzehen, feingehackt
60 ml Rot- oder Weißwein
½ Bund glattblättrige Petersilie, gehackt
Salz
frisch gemahlener schwarzer Pfeffer
6 Scheiben Baguette mit Kruste

Den Speck in einer Pfanne kroß ausbraten. Mit einem Schaumlöffel herausnehmen, aber das Fett in der Pfanne lassen. Die Herzen und Mägen auf kleiner Flamme eine gute Minute anbraten, dann die Temperatur höher stellen und die Lebern zugeben. 2–3 Minuten anbraten, dabei einmal wenden, dann auf einen Teller legen. Einige Tropfen Olivenöl in die Pfanne geben und Zwiebeln und Knoblauch darin 1–2 Minuten auf großer Flamme braten. Die Hitze verringern und den Deckel auf die Pfanne legen. Unter gelegentlichem Rühren dünsten, bis die Zwiebeln weich und goldgelb sind. Den Speck wieder in die Pfanne legen, den Wein sowie Bratensaft von den Innereien dazugeben und bei starker Hitze 1 Minute kräftig aufkochen lassen. Die Innereien fein hacken und zurück in die Pfanne geben. Die Petersilie unterheben und abschmecken.

Den Backofen auf 180 °C vorheizen. Die Brotscheiben mit Olivenöl einpinseln und von beiden Seiten grillen. Die Lebermischung auf die *crostini* häufen, mit etwas Olivenöl beträufeln und 5 Minuten im Ofen erwärmen, dann sofort servieren.

Ergibt 6 Portionen

GARTENKÜRBISGRATIN

Zu den gegrillten Tauben (siehe Seite 80) wollten wir eigentlich Artischocken reichen, konnten aber in dem Moment keine bekommen. Statt dessen bereiteten wir aus Kürbiswürfeln, Knoblauch und Parmesan ein Gratin, das in einer von Anna Rosas karamelfarben glasierten, ovalen Keramikschüsseln ausgesprochen appetitlich aussah.

kaltgepreßtes Olivenöl
frisch gemahlener schwarzer Pfeffer
Meersalz
3 EL frisch geriebener Parmesan
1 kg Kürbis, geschält und in 3 x 3 cm große Würfel geschnitten

Den Backofen auf 180 °C vorheizen. 60 ml Olivenöl, etwas Pfeffer und 1 Prise Meersalz in eine große Schüssel geben und den Parmesan einrühren. Den Kürbis in dieser Mischung wenden, so daß die Würfel von allen Seiten gut überzogen sind. Eine ausreichend große flache Gratinform mit Olivenöl einfetten. Die Kürbisstücke hineinfüllen und 45–60 Minuten backen. Wird der Käse braun, bevor der Kürbis gar ist, die Form in der letzten Viertelstunde mit Alufolie abdecken.

ERGIBT 6 PORTIONEN

TOMATENSAUCE

Man kann den Kürbis mit ein wenig übriggebliebener hausgemachter Tomatensauce vermischen. Auch karamelisierte Zwiebeln schmecken gut dazu (siehe Seite 194).

Semifreddo aus Kastanienhonig

OBEN Ein wenig von dem stark duftenden Lavendel, der im Garten der Villa wuchs, parfümierte unser *semifreddo*.

RECHTE SEITE Das Honighalbgefrorene ist ein rasch zubereitetes, aber dennoch eindrucksvolles Dessert. Dazu gab es knapp gegarte Feigen, die erst am Tag des Verzehrs absolut reif gepflückt wurden.

An unserem ersten Morgen in der Villa di Corsano besuchte uns unsere Freundin Ann mit einem großen Korb voller Leckereien. Er enthielt unter anderem die rötesten Tomaten, die wir je gesehen hatten, Salbei, Salat, wundervolles Brot, eine große Flasche kaltgepreßtes Olivenöl von ihren eigenen Ölbäumen, eine Flasche hausgemachten Rotweinessig und ein Glas dickflüssigen, goldbraunen Kastanienhonig. Die ganze Toskana kulinarisch in einem Korb vereint!

Ann erzählte uns, ein alter Mann namens Alfredo sei zehn Jahre zuvor auf dem restaurierten Bauernhof erschienen, den sie mit ihrer Familie bewohnt, und habe ihr mitgeteilt, sie bräuchten unbedingt einen Bienenstock und er sei schon seit Urzeiten für diesen Bauernhof als Imker tätig. Man ließ die Tradition wieder aufleben.

Sollten Sie keinen Kastanienhonig bekommen, nehmen Sie eine andere kräftige Honigsorte.

180 g Kastanienhonig
600 ml Schlagsahne, sehr kalt
2 Prisen Lavendelblüten

6 Portionsförmchen zu je 125 ml mit Backpapier auslegen. Den Honig zusammen mit 60 ml der kalten Sahne und den Lavendelblüten langsam erwärmen. Die restliche Sahne sehr steif schlagen und vorsichtig unter die geschmolzene Honig-Sahne-Mischung heben. In die Förmchen füllen und einige Stunden im Gefrierfach fest werden lassen.

Das Halbgefrorene aus den Förmchen stürzen und das Backpapier abziehen. Dazu die in Amaro gedünsteten Feigen (siehe Seite 90) reichen. Ein *semifreddo* darf niemals zu hart werden, deshalb nimmt man es lieber etwas früher aus dem Gefrierfach und läßt es vor dem Servieren kurz anschmelzen.

ERGIBT 6 PORTIONEN

Feigen, Trauben und Walnüsse

Anstelle der Feigen in Amaro können Sie auch 2 Eßlöffel Honig mit Lavendelblüten mit 2–3 Eßlöffeln Wasser erwärmen. 400 g halbierte und entkernte Weintrauben sowie die geschälten und halbierten Feigen und Walnußhälften in diesem Sirup warm werden lassen.

In Amaro gedünstete Feigen

UNTEN Der Türklopfer am Haupteingang der Villa

RECHTE SEITE Diese uns unbekannte Feigensorte erinnerte an die dunkelrot geflammte Varietät, die wir als schwarze Genuafeige kennen. Der Baum im Garten der Villa trug für uns gerade genug Früchte, die praktischerweise erst nach und nach reif wurden.

Wir pflückten die Feigen erst eine Stunde vor dem Mittagessen und garten sie sanft in einem Sirup, der mit dem Digestif Amaro aromatisiert war. Zu dem cremigen Honig-*semifreddo* (siehe Seite 88) waren die Feigen unschlagbar.

230 g Zucker
350 ml Agresto
½ Vanilleschote, längs durchgeschnitten
12 große Feigen, geschält
100 ml Amaro
60 ml fette Sahne oder Mascarpone, nach Wahl

Zucker, Agresto und Vanilleschote in einem großen Topf langsam erhitzen, bis der Zucker geschmolzen ist. Die Feigen hineingeben und zugedeckt 5 Minuten leicht köcheln lassen, bis die Feigen weich sind, dann in dem Sirup erkalten lassen. Den Amaro zugeben und 30 Minuten durchziehen lassen. Die Feigen mit dem Saft zum Honighalbgefrorenen (siehe Seite 88) oder auf einer Platte mit Sahne oder Mascarpone angerichtet servieren.

ERGIBT 6 PORTIONEN

Risotto mit Radicchio

MAGGIE ❦ Risotto mochten wir besonders gern. Allein die Zubereitung finde ich ausgesprochen entspannend, ähnlich wie Nudeln selbst zu machen. Interessanterweise kam Risotto auch bei allen in der Villa di Corsano gut an. Angesichts der etwas kleinen Küche gerieten wir allerdings mit dem Servierzeitpunkt etwas unter Druck, wenn zusätzliche Köche in diesem Brei rühren wollten, denn ein Risotto macht man am besten »in einem Rutsch«. Meist kochte ich das Risotto so weit es ging vor, um es dann mit den Kursteilnehmern zu besprechen, und ließ es schließlich von dem ausdauerndsten »Kochschüler« vollenden.

Am beliebtesten von all unseren Risotti war die Version mit Radicchio. Einmal bereiteten wir es mit Geflügelbrühe zu, ein anderes Mal mit Fischbrühe, beides war sehr lekker. Der leuchtendrote Radicchio wurde beim Kochen altrosa und nahm in Verbindung mit Brühe und Butter ein leicht bitteres, aber ganz mildes Aroma an.

LINKE SEITE Bei einer Gelegenheit verwendeten wir für das Risotto mit Radicchio Fischbrühe (siehe Seite 214) und veränderten damit den Charakter des Gerichts völlig (dabei hatten wir einfach nur keine Geflügelbrühe mehr vorrätig gehabt). Wir unterstrichen die Fischnote noch durch ausgebackene Sardinen. Diese Version wurde bei allen Kursen zur beliebtesten Risotto-Variante.

1,5 l Geflügelbrühe (siehe Seite 213)
500 g Radicchio
1 große Zwiebel, feingewürfelt
2 EL Olivenöl
75 g Butter
450 g Arborio-Reis
125 ml Weißwein
Salz
80 g Parmesan, frisch gerieben
zusätzlich 20–40 g Butter, nach Wahl
frisch gemahlener schwarzer Pfeffer

Die Brühe aufsetzen. Die Radicchioblätter auseinanderzupfen und gründlich waschen, abtropfen und trockentupfen. Bündelweise in 5 mm breite Streifen schneiden.

In einer hohen Pfanne oder einem Topf die Zwiebel in Olivenöl und Butter goldgelb dünsten. Die Radicchiostreifen zugeben und im Fett wenden. Die Platte höher stellen, den Reis zugeben und wenden. Den Wein zugießen und verdampfen lassen. Salzen.

Eine Suppenkelle heiße Brühe zum Reis geben und unter Rühren einkochen lassen. Unter kontinuierlichem Rühren kellenweise die restliche Brühe zugeben, bis der Reis gar ist, aber noch Biß hat, was rund 20 Minuten dauert. Die letzte Kelle Brühe wird nicht mehr vollständig vom Reis aufgesogen, so daß das Risotto ein wenig dickflüssig bleibt.

Den Topf vom Herd nehmen und den Parmesan sowie – falls gewünscht – einen Stich Butter unterheben. Mit Pfeffer und Salz abschmecken und sofort servieren.

ERGIBT 6 PORTIONEN

Elenas Tiramisu

Unsere Mitarbeiterin Elena ist eine hervorragende, sehr fantasievolle Köchin mit besonders gutem Händchen für Kuchen und Brot. Dank ihres fröhlichen, ausgeglichenen Wesens, dem es nach ihrem eigenen Bekunden durchaus nicht an Temperament fehlt, war sie ein echter Schatz und kam mit allen Gästen gut zurecht, besonders auch mit den etwas reservierten oder ängstlichen. Das Tiramisu bereitete sie zu, weil wir ziemlich viel Mascarpone im Haus hatten (die cremige italienische Qualität mochten wir besonders gern) und weil sie dem Team eine Freude machen wollte. Das Dessert war so lecker, daß wir sie noch mehrfach um ein Dacapo baten.

OBEN Das Aufstocken unseres Brennholzes wurde täglich von unseren Kursteilnehmern besorgt. Sie machten sich einen Spaß daraus, im nahe gelegenen Wald Äste und Zweige zu sammeln, und brachten stets auch ein paar Waldpilze heim. Die Lorbeerhecken rings um das Haus wurden regelmäßig beschnitten und lieferten uns ca. 6 cm dicke Zweige für unser Grillfeuer.

LINKE SEITE Ausschnitt des Freskos mit den »sieben Tugenden«, das sich in Stephanies Zimmer befand

375 g Löffelbiskuits (ca. 24 Stück)
500 ml starker schwarzer Kaffee
200 g Zartbitterschokolade, gerieben
ungesüßter Kakao
zusätzliche geriebene Zartbitterschokolade
ZABAGLIONE
6 Eigelb
50 g Zucker
125 ml Weinbrand
500 g Mascarpone

Für die Zabaglione die Eigelb mit Zucker und Weinbrand im Wasserbad unter Rühren erwärmen, bis die Masse andickt. Vom Feuer nehmen und bis zum Erkalten weiterschlagen. In einer anderen Schüssel den Mascarpone glattrühren und dann unter die erkaltete Zabaglione heben.

Den Boden einer dekorativen Schüssel (von ca. 2 Litern Fassungsvermögen) mit Löffelbiskuits auskleiden und die Hälfte des Kaffees sowie die Hälfte der Schokolade darüber geben. Die Hälfte der Mascarpone-Zabaglione darauf geben und eine zweite Schicht Löffelbiskuits darauf legen. Die restlichen Mengen Kaffee, Schokolade und Creme zugeben, bis die Schüssel voll ist, dann die Oberfläche mit Kakao bestäuben und mit geriebener Schokolade bestreuen. Vor dem Servieren 2 Stunden kalt stellen.

ERGIBT 8 PORTIONEN

Der Florentiner Mercato San Lorenzo ist ein sehr volkstümlicher Markt. Wie alle Märkte

Italiens steht auch er mitten in der Stadt, was auf den Stellenwert schließen läßt, den Obst und Gemüse in diesem Land genießen. Die Waren sind unglaublich frisch und hochwertig, so daß sich auf dem Markt auch zahlreiche Gourmets einfinden.

Der Markt

PANETTONE

OBEN Unser Frühstücks-*panettone*

RECHTE SEITE Ausschnitt aus *Effetti del Buongoverno* von Lorenzetti (1319 bis 1348), Palazzo Pubblico, Siena

Eines Morgens, bevor wir zum Markt fuhren, backte Elena für uns *panettone.* Außerdem gab es zum Frühstück ein Kompott von Damaszenerpflaumen mit Joghurt. Am Rand des Grundstücks gab es einen reich tragenden Pflaumenbaum, von dem wir uns bedienten, bevor die Früchte zu Boden fielen.

80 ml warmes Wasser
25 g Trockenhefe oder 50 g frische Hefe
55 g Zucker
6 Eigelb
1 Tropfen Vanilleessenz
abgeriebene Schale von 1 Zitrone
½ TL Salz
180 g Butter
250–280 g Mehl
50 g Orangeat, gehackt
100 g Rosinen

In einer Schüssel das warme Wasser mit Hefe und 1 Eßlöffel Zucker vermengen und rund 15 Minuten gehen lassen. In einer zweiten Schüssel die Eigelbe mit Vanille, Orangeat, Salz und dem restlichen Zucker zu einer hellen, dicken Masse schlagen und zur Hefe geben. 160 g Butter vorsichtig erwärmen, bis sie gerade eben schmilzt. Nach und nach das Mehl unter die Eimasse heben, zunächst nur 170 Gramm, dann die Butter zugeben. Zum Schluß das restliche Mehl einarbeiten. Wahrscheinlich benötigen Sie nicht alles. (Der Teig soll weder klebrig noch trocken sein.) Den Teig 10 Minuten kneten, bis er geschmeidig und weich ist. In eine gefettete Schüssel legen und mit einem Geschirrtuch zugedeckt 1 Stunde an einem zugfreien Ort gehen lassen.

Den Teig noch einmal kräftig kneten, dann zu einem Rechteck formen. Orangeat und Rosinen darüber streuen, mit einem Geschirrtuch abdecken und weitere 30 Minuten gehen lassen. In der Zwischenzeit den Backofen auf 200 °C vorheizen und eine runde Backform von 14 cm x 8 cm mit Butter einfetten.

Den Teig vorsichtig in die Form legen, die restliche Butter zerlassen und die Oberfläche damit einpinseln. 10 Minuten backen. Die Temperatur auf 180 °C herunterstellen und die Oberfläche erneut mit Butter einpinseln. Weitere 30–35 Minuten backen, dann den Backofen ausschalten und den *panettone* darin abkühlen lassen. Getoastet oder ungetoastet zu einem üppigen Frühstück servieren.

Rühreier mit Trüffeln auf Toast

RECHTE SEITE Schwarze und weiße *tartufi* auf dem Mercato San Lorenzo von Florenz. Als wir in Italien eintrafen, hatte die Trüffelsaison noch nicht recht begonnen, und bei unserem ersten Marktbesuch bot lediglich unser Lieblingshändler welche an (wobei die weißen Trüffel gar nicht aus der Toskana, sondern aus dem Piemont kamen).

UNTEN Diese kleinen Steinpilze eigneten sich hervorragend als Zutat für Risotto oder als Saucengrundlage. Sie waren nicht billig, deshalb die etwas angestrengten Mienen beim Kauf.

Für einen Ausflug nach Siena mit Angehörigen und Freunden rüsteten wir uns mit einem üppigen Brunch, zu dem auch Rühreier mit weißen Trüffeln gehörten. »Schon wieder Trüffeln!« seufzte Tony. »Drei Mahlzeiten hintereinander!« Die Trüffeln hatten über Nacht zwischen den Eiern gelegen, so daß sogar die Eierschalen intensiv nach den aromatischen Schlauchpilzen dufteten.

10 Eier von freilaufenden Hühnern
100 ml Sahne
40 g Butter
Salz
frisch gemahlener schwarzer Pfeffer
Trüffelreste (so viele, wie Sie erhalten können)

Die Eier in einer Schüssel verschlagen, die Sahne und die Hälfte der Butter (in winzige Würfel geschnitten) zugeben und würzen. Die restliche Butter in einer schweren Pfanne zerlassen. Die Eier hineingießen und die Flamme so klein wie möglich stellen. Sobald die Masse zu stocken beginnt, kurz umrühren, danach nur noch vorsichtig zusammenschieben, so daß die bereits gestockten Teile nach oben kommen. Die Pfanne vom Herd nehmen, bevor das Ei vollständig fest geworden ist. Stellen Sie vorgewärmte Teller und fertig gebutterten Toast bereit. Das Rührei auf die Teller verteilen und rasch die Trüffel darüber hobeln. Die papierdünnen Scheiben schmelzen auf dem heißen Ei.

ERGIBT 6 PORTIONEN

FRISCHE BORLOTTI-BOHNEN

DIESE UND RECHTE SEITE Szenen vom Mercato San Lorenzo: zwei Florentiner Damen beim Schwätzchen, frische Borlotti-Bohnen und aufgetürmte Gemüsekisten

STEPHANIE Bei jedem Marktbesuch wurden wir mit den Händlern besser vertraut. In der dritten Woche waren die Leute vom Kräuterstand es leid, daß unsere Kursteilnehmer ständig ihre Auslagen fotografierten, und versuchten, uns wegzuscheuchen. Ich war ebenfalls verärgert, weil es ein anstrengender Morgen gewesen war und ich keine wilde Rauke bekam. Dabei war dies genau der Stand, wo man mir in der Woche zuvor einen Strauß wilde Alpenveilchen geschenkt hatte! Dann aber beobachtete ich den jungen Mann vom Gemüsestand, wo wir die Borlotti-Bohnen kauften, beim Bedienen einer Kundin. Die alte Dame kaufte einen Salat (»noch kleiner, bitte«), eine Möhre, zwei Zucchini und so weiter. Jede Transaktion erfolgte höchst umständlich, doch die ganze Zeit über blieb der junge Mann hilfsbereit und gelassen. Stück für Stück verstaute er die Waren in der Einkaufstasche der alten Dame, und zum Schluß half er ihr noch, die richtigen Scheine und Münzen aus ihrem Portemonnaie zu fischen. Freundlich machte er sie darauf aufmerksam, daß sie ihm anstelle eines 500-Lire-Stücks einen Knopf gegeben hatte, dann zog er ihr fürsorglich die Strickjacke über den Schultern gerade, und beide wünschten sich einen schönen Tag.

1 kg frisch gepalte Borlotti-Bohnen
kaltes Wasser
125 ml Olivenöl
1 frisches Lorbeerblatt
1 großer Rosmarinzweig

Die Bohnen in einem Topf mit reichlich Wasser bedecken und die übrigen Zutaten zugeben. 45 Minuten kochen und die Bohnen im Kochwasser abkühlen lassen. Als Beilage servieren.

ERGIBT 6 PORTIONEN

KOCHFLÜSSIGKEIT

Verwahren Sie das Kochwasser von den Bohnen, denn es läßt sich hervorragend verwenden, um einen Bratensatz loszukochen oder als Grundlage für eine Sauce (siehe das *sformato*-Rezept auf Seite 196) oder für eine leckere Bohnensuppe.

BORLOTTI-BOHNENSUPPE

Zwei Drittel der gekochten Bohnen mit Kochflüssigkeit pürieren und mit Gewürzen abschmecken. Falls nötig, mit etwas Wasser strecken. Die restlichen Bohnen und, wenn Sie mögen, etwas gebratenen Knoblauch zugeben. Zum Abschluß geben etwas Olivenöl, gehackte Petersilie und/oder zerpflückte und im Ofen geröstete Salbeiblätter der Suppe den letzten Pfiff.

ITALIA
Leonesi
INGROSSO FRUTTA E PATATE
TEL. (059) 77.54.06 - TELEX
PESO ORIG. Gr.
SCOST. MAX 15
ORTOVERDE
LAZIO ITALIA
PESO ORIGINE
GR. 0.500
SCOST. MAX
GROW
SA 01-
AZIENDA AGRICOLA
GRAZIANI & GRASSI S.S.
AZIENDA AGRICOLA
ORTOBEMAR
PESO ORIGINE

OBEN Die Toskaner haben ein Faible für Schweinefleisch. Das Laufgehege auf dem Hof der Familie Bischi war voller Geröll, damit die Füße der Tiere trocken und gesund blieben. Die Schweine waren in einem Bruchsteinstall untergebracht und genossen eine sagenhafte Aussicht.

RECHTE SEITE Ein Maroniverkäufer auf dem Straßenmarkt an der Piazza del Mercato Centrale in der Nähe von San Lorenzo in Florenz

Gegrillte Schweineniere

Vor der Verwendung legt man das Nierenfett über Nacht in kaltes Salzwasser ein, um jegliches Blut herauszulösen, und trocknet es dann gründlich. Es läßt sich auch gut einfrieren.

1 frische Schweineniere (für 4 Personen)
Salz
frisch gemahlener schwarzer Pfeffer
2 frische Lorbeerblätter pro Person
Nierenfett
Rosmarinzweige

Das Bindegewebe von der Niere abschneiden und wegwerfen. Die Niere großzügig salzen und 1 Stunde ruhen lassen, dann abspülen. Mit Küchenpapier trockentupfen und pfeffern. Die Niere in dicke Scheiben schneiden, von beiden Seiten mit Nierenfett bestreichen und je 1 Lorbeerblatt andrücken. Die Päckchen auf dem Grill über mäßig heißem Feuer grillen. Die Garzeit hängt von der Größe der Päckchen und von der Grillhitze ab, beträgt jedoch rund 5 Minuten. Sobald das Nierenfett zur Feuerseite geschmolzen ist, die Päckchen wenden (etwa nach der Hälfte der Garzeit). Vor dem Servieren 5 Minuten ruhen lassen. Dazu Senffrüchte reichen.

Gegrillte Kalbsleber

Wildschweinwürste, gegrillte Polenta mit Gorgonzola (siehe Seite 106) und diese Leber, die im ganzen gegrillt wurde, gehörten zu einem üppigen Abendessen. Während die Leber ruhte, fügten wir einige übriggebliebene karamelisierte Zwiebeln hinzu (siehe Seite 194).

600 g Kalbsleber
Salz
frisch gemahlener schwarzer Pfeffer
Knoblauchöl (siehe Seite 210)
Zitronensaft
kaltgepreßtes Olivenöl

Die Leber salzen und pfeffern, mit Knoblauchöl einpinseln und auf dem heißen Grill 15 Minuten garen, dabei ein- bis zweimal wenden. Auf eine vorgewärmte Platte legen, mit Zitronensaft und Olivenöl beträufeln und noch einmal pfeffern. Vor dem Portionieren 15 Minuten ruhen lassen.

MEDITERRANEAS

Gegrillte Polenta

MAGGIE ❧ Anstatt die Polenta wie hier beschrieben in Tortenstücke zu zerteilen, steckten wir die ganze »Torte« samt Gorgonzola in ein spezielles Grillgitter, das man einfach wenden konnte, und portionierten sie erst nach dem Grillen. Als Stephanie und Tony das Grillgitter wenden wollten, mußte Elena als rettender Engel eingreifen, damit die Polenta nicht in den heißen Kohlen landete.

Milch wird zwar üblicherweise nicht für Polenta verwendet, doch verleiht sie dem Maisbrei meiner Meinung nach eine wunderbar cremige Konsistenz.

1 l Milch
750 ml Wasser
1 gehäufter TL Salz
350 g Polenta
frisch gemahlener schwarzer Pfeffer
100 g Butter, nach Wahl
100 g frisch geriebener Parmesan, nach Wahl
Olivenöl

Milch und Wasser in einem schweren Topf zum Kochen bringen und das Salz zugeben. Nach und nach die Polenta in einem stetigen Strahl hineinschütten, dabei ständig mit einem Holzlöffel umrühren. Sobald die ganze Polenta in der Flüssigkeit ist, die Hitzezufuhr verringern. Weiterrühren, damit sich keine Haut bildet (außerdem wird eine sanft gekochte Polenta nicht bitter). Wenn die Polenta dick wird und sich von den Topfseiten löst, den Topf vom Herd nehmen und die Polenta pfeffern. Butter und Käse unterziehen (wenn Sie die Polenta weniger fett mögen, lassen Sie diesen Schritt weg). Die Polenta auf ein Backblech schütten und mit nassen Händen zu einer 1 cm dicken Platte ausstreichen und vollständig erkalten lassen.

Den Grill oder die Grillpfanne vorheizen. Die Polenta in gewünschte Formen schneiden und mit Olivenöl bestreichen. Die Polentastücke auf die leicht gefettete Grillfläche legen und ganz in Ruhe lassen. Sobald sich eine ausreichende Kruste gebildet hat, löst sich die Polenta von selbst vom Grill und läßt sich problemlos umdrehen. Versucht man zu früh, die Stücke zu wenden, bleibt die schöne Kruste auf dem Grill kleben.

ERGIBT 6 PORTIONEN

Gorgonzola

Anstatt beim Garen Parmesan auf die Polenta zu streuen, kann man sie auch in Tortenstücke schneiden, auf jedes einen Klecks Gorgonzola geben und dann auf dem Grill oder in der Pfanne erhitzen, bis der Käse schmilzt.

Gegrillter Radicchio

Der dunkelrote *radicchio di Treviso,* eine langblättrige Sorte aus dem Veneto, hat nur sehr kurze Zeit im Jahr Saison. Während Radicchio di Treviso ein lockerer Salat ist, weisen die meisten Radicchio-Sorten wie etwa *di Chioggia* festgewickelte, runde Köpfe auf. Viele italienische Sorten sind nur unter ihren lokalen Namen bekannt, so daß man sie außerhalb der jeweiligen Region kaum wiederfindet.

Gegrillten Radicchio empfinden manche Leute als gewöhnungsbedürftig, da die bittere Note überwiegt. Zu fetten Grilladen wie Schweineleber oder -nierchen (siehe Seite 104) oder Hähnchen und *bistecca alla fiorentina* (siehe Seite 23) bildet gegrillter Radicchio allerdings einen herrlichen Kontrast. Wir fanden italienischen Radicchio qualitativ hervorragend, vor allem *radicchio di Treviso,* zumal der bittere Beigeschmack niemals allzu stark ausgeprägt war.

Radicchio
kaltgepreßtes Olivenöl
guter Rotweinessig
1 Knoblauchzehe, zerdrückt
frisch gemahlener schwarzer Pfeffer

Lockere Radicchioköpfe an der Wurzel zusammen lassen, feste Köpfe in Viertel schneiden, aber den Wurzelansatz ebenfalls intakt lassen. Den Radicchio waschen und abtropfen lassen. (Es ist gar nicht schlecht, wenn der Radicchio beim Grillen noch ein wenig feucht ist, da die Dampfentwicklung den Garvorgang unterstützt.)

4 Teile Olivenöl mit 1 Teil Rotweinessig mischen, Knoblauch und Pfeffer zugeben. Damit die äußeren Blätter einpinseln und den Radicchio über mäßig heißem Feuer auf den Grill legen. Mehrfach wenden, dabei immer wieder mit der Marinade bestreichen. Beim Grillen schrumpft der Radicchio erheblich und wird außen braun und kroß, innen jedoch schön zart.

FOLGENDE DOPPELSEITE Die Ponte alla Carraia (»Fahrstraßenbrücke«) in Florenz zieht sich, stromabwärts vom Ponte Vecchio, über den Arno. Die erste Brücke an dieser Stelle entstand 1220 als Verbindung zwischen den Wollhändlern auf dem rechten und den Färbern und Webern auf dem linken Flußufer. Im Laufe der Jahrhunderte wurde sie mehrfach umgestaltet, darunter zweimal von Giotto, dem »Vater« der Florentiner Renaissance, zuletzt noch nach dem Zweiten Weltkrieg.

Gegrillte Zwiebeln

Die obige Marinade paßt auch gut zu Zwiebeln. Die Zwiebeln entweder waagerecht halbieren oder in dicke Scheiben schneiden (bei halbierten Zwiebeln die Haut nicht abpellen, sondern einfach nach dem Grillen abstreifen). Mariniert man die Zwiebeln nach dem Schneiden 30 Minuten in hochwertigem Essig, bevor man sie grillt, verlieren sie ihre Schärfe. Die Zwiebeln mit der Marinade bestreichen und über wenig bis mäßig heißen Kohlen grillen (oder wenn das Feuer schon heruntergebrannt ist), dabei häufig wenden und mit Marinade bestreichen. Die Zwiebeln brauchen erstaunlich lange (manchmal über 1 Stunde). Sie sollten durch und durch weich sein und an den Rändern karamelisieren.

VERLOREN IST NICHT LIEBEND

ALLE ZEIT, DIE WIR VERBRINGEN

T. TASSO AMINTA

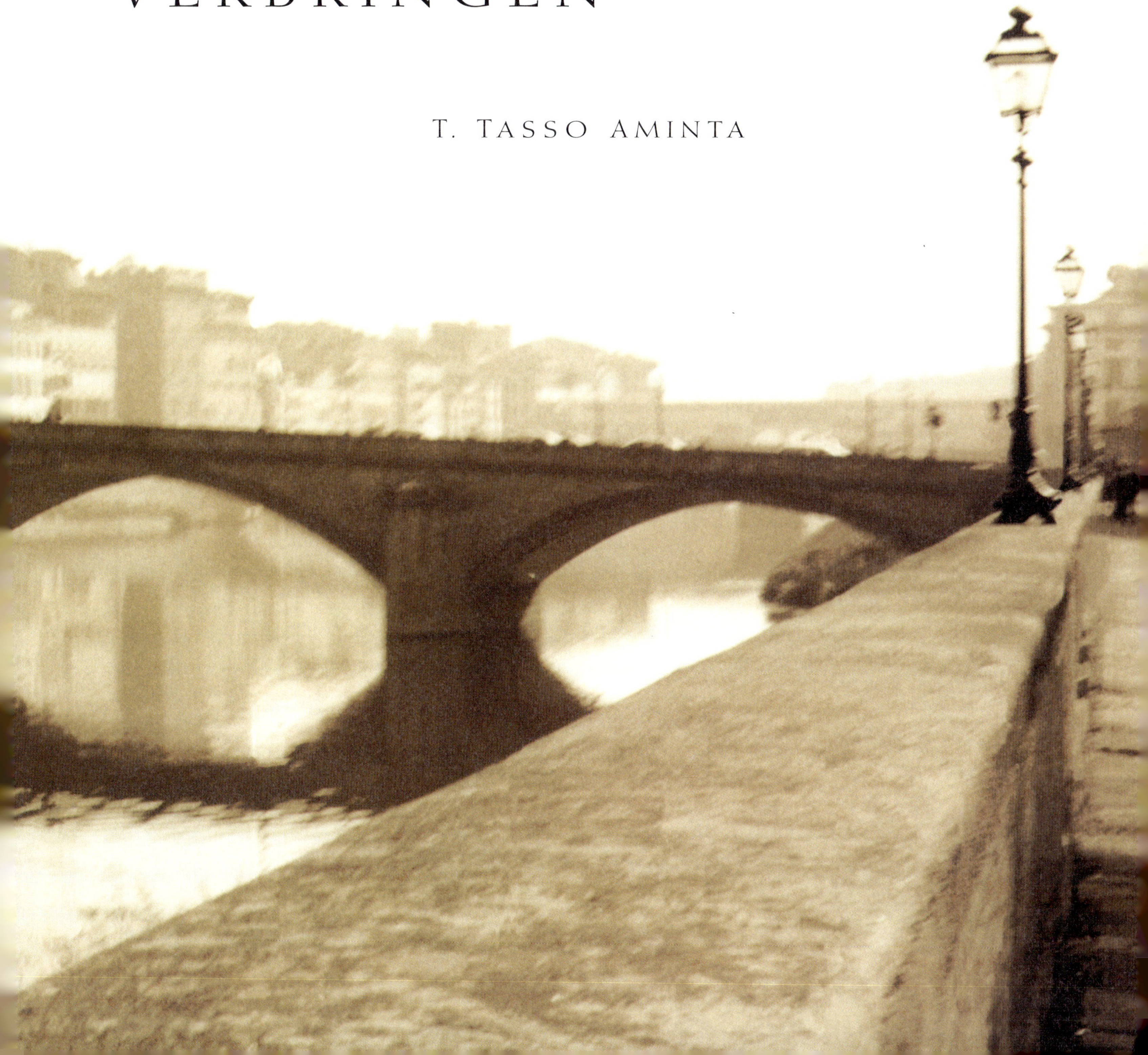

Spinat mit Zitronen, Knoblauch und Pinienkernen

OBEN Wen die wilde Frau mit dem Zitronenzweig darstellt, haben wir leider nie herausgefunden.

STEPHANIE Gegen Ende unseres Aufenthalts in der Villa di Corsano bekam ich heraus, daß es sich bei den riesigen Bäumen am Rande des kiesbestreuten Hofes, in dem wir unsere Autos parkten, um Pinien handelte. Im Kies fand ich Piniennüsse, zum Teil noch mit fest geschlossener, steinharter Schale, zum überwiegenden Teil jedoch bereits geknackt; ihr Inhalt war von den erstaunlich vielen Eichhörnchen verzehrt worden. Mit ihren glänzenden Augen und dunklen, seidigen Schwänzen waren diese Tierchen ausgesprochen putzig.

In der Cantinetta Antinori in Florenz aßen wir dieses Gericht mit *cavolo nero*, dem wunderbaren blaugrünen toskanischen Kohl. Dazu gab es *crostini.*

2 Knoblauchzehen, in feine Scheiben geschnitten
125 ml kaltgepreßtes Olivenöl
6 Handvoll kleine Spinatblätter ohne Stiele
1 Spritzer Zitronen- oder Orangensaft
frisch gemahlener schwarzer Pfeffer
2 EL geröstete Pinienkerne oder Mandelstifte

Den Knoblauch in 2 Eßlöffeln Öl anbraten, dann den Spinat zugeben und ihn unter Rühren zusammenfallen lassen. Abschütten und gut abtropfen lassen, dann zurück in den Topf geben und einen großzügigen Spritzer Zitronen- oder Orangensaft, das restliche Olivenöl und etwas Pfeffer hinzufügen. Mit den Pinienkernen bestreut servieren.

ERGIBT 6 PORTIONEN

In Öl gedünstete broccoletti mit Zitrone und Knoblauch

Broccoletti (nicht zu verwechseln mit Brokkoli) besitzen ein etwas nussiges Aroma und schmecken mit Knoblauch und Olivenöl gedünstet genauso lecker wie Spinat. Wir servierten sie als Beilage zu gegrilltem Fleisch. Maggie schmorte blanchierte, sehr fein gehackte *broccoletti* wie nachfolgend beschrieben und gab zum Schluß vier Anchovisfilets dazu.

600 g *broccoletti* gründlich waschen, dabei alle harten Stengel und Blätter entfernen. In 5 cm lange Stücke schneiden. Die *broccoletti* in einem Topf mit kochendem Wasser blanchieren und gut abtropfen lassen, zum Schluß die restliche Feuchtigkeit ausdrücken. Die Schale einer Zitrone in 2 cm breiten Streifen abschneiden. Den Knoblauch in etwas Öl goldgelb braten, dann die abgetropften *broccoletti* und die Zitronenschale zugeben und weich kochen. Mit Salz und Pfeffer abschmecken und servieren.

Gegrillter Knoblauch

STEPHANIE Tony servierte zur *bistecca alla fiorentina* (siehe Seite 23) jedem von uns eine ganze Knoblauchknolle. Er kappte die Spitze jeder Knolle mit einem scharfen Messer, als köpfe er ein Ei, und schon quollen die weichen, süßlichen Zehen heraus, die auf der Zunge zergingen. Knoblauch schmeckt übrigens auch gut zu gegrilltem Hähnchen sowie zu Ziegen- oder Schafskäse und knusprigem Brot oder diversen gegrillten Gemüsen.

ganze Knoblauchknollen
kaltgepreßtes Olivenöl

Den Knoblauch etwa 15 Minuten in kochendem Wasser blanchieren. Beim Anstechen sollte ein Schaschlikspieß mühelos in die Zehen dringen. Abtropfen und trockentupfen, dann mit Olivenöl einreiben und 15–20 Minuten grillen. Zum Servieren entweder halbieren oder wie oben beschrieben »köpfen«.

Zucchini mit heisser Anchovisbutter

STEPHANIE Auf den Märkten gab es lange, schlanke, tiefgefurchte Zucchini und kleine kugelige Exemplare. Bei einer Mahlzeit beträufelte ich gekochte Babyzucchini einfach nur mit kaltgepreßtem Olivenöl. Die Scheiben waren aufgrund der absoluten Frische des Gemüses ganz elastisch und am Stengelansatz noch knackig, das Aroma war fantastisch.

6 kleine Zucchini
60 g Butter
6 Anchovisfilets, feingehackt
2 EL grobgehackte glattblättrige Petersilie

Die Zucchini 5 Minuten kochen und dann abschütten. Die Butter in einem Topf zerlassen, die Anchovis zugeben und 1–2 Minuten leicht köcheln lassen. Die Zucchini in Scheiben schneiden und auf einer vorgewärmten Platte anrichten. Die heiße Sauce über die Zucchini geben, mit Petersilie bestreuen und sofort servieren.

Ergibt 2 Portionen

Nudeln

Maggie verwendete dieses Rezept auch als Grundlage für ein Nudelgericht, bei dem anstelle der Butter 500 g Ricotta und ein Schuß Olivenöl mit den heißen Nudeln vermischt wurden.

Insalata di trippa nach Art der Fattoria in Tavernelle

STEPHANIE Die von den Metzgerständen auf dem Mercato San Lorenzo angebotenen Innereien faszinierten uns und unsere Kursteilnehmer allein schon wegen der eigentümlichen Formen all der bekannten und unbekannten Eingeweide diverser Tiere, darunter Kutteln, Mägen, Därme, Milzen, Hoden und mysteriöse Stücke, die uns als Euter von Jungkühen erklärt wurden. Selbst für jemanden, der Innereien so gerne mag wie Maggie, war diese geballte Masse morgens um zehn nicht sehr appetitanregend.

Nachdem wir die Stände mit Kutteln inspiziert hatten, bestellten wir in der Fattoria von Tavernelle ein typisch toskanisches Kuttelgericht. Die ganze Speisenfolge – darunter Kaninchen mit Weintrauben und Steinpilze mit *pancetta al cartoccio* – war lecker, die Ricottatorte zum Nachtisch (siehe Seite 160) sogar ausgezeichnet, doch das Highlight des Tages bildete unzweifelhaft der *insalata di trippa.*

Die Küche in der Fattoria kochte die Kutteln 3–4 Stunden, was bedeutete, daß sie gesäuberte, aber noch rohe Kutteln verwendeten. Bei uns in Australien kauft man Kutteln in der Regel fertiggekocht, so daß man eine viel kürzere Garzeit hat. Kutteln aus dem Vor- und Netzmagen sind am zartesten.

OBEN Für unseren letzten Kurs kauften wir Stierhoden. Der Metzger war begeistert über unsere Experimentierfreude. Die Hoden wurden wenige Minuten pochiert, abgekühlt, in Scheiben geschnitten, in Nußbutter angebraten und mit Zitronensaft und Pfeffer angemacht. Simon, Colin und Tony winkten ab, ebenso Elena, doch viele Kursteilnehmer probierten sie mutig – sehr zur Freude unserer Köchin. Und wie schmeckten die Hoden nun? Ein bißchen wie Kalbsbries mit einem Nachgeschmack von Nierchen.

RECHTE SEITE Auf dem Florentiner Markt ließ man uns saftigen Schinken und andere Delikatessen auf *crostini* probieren. Die Marktverkäufer waren aber nicht beleidigt, wenn wir trotzdem nichts bei ihnen kauften.

Kutteln (Kaldaunen)
Zwiebel, geschält
Möhre, geschält
Lorbeerblatt
Tomaten, gewürfelt
rote Zwiebel, in feine Ringe geschnitten
Staudensellerie, in feine Scheiben geschnitten
rote Paprikaschote, feingehackt
Fenchel, feingehackt
glattblättrige Petersilie, grobgehackt
kaltgepreßtes Olivenöl
Weinessig
Salz
frisch gemahlener schwarzer Pfeffer

Die Kutteln mit Zwiebel, Möhre und Lorbeerblatt etwa 1 Stunde lang weichkochen. Abschütten, jedoch von der Kochflüssigkeit etwas zurückbehalten. Die Kutteln in kleine Stücke schneiden und mit den Tomatenwürfeln, einigen roten Zwiebelringen und etwas Sellerie, Paprika, Fenchel und Petersilie vermengen. Den Salat noch warm mit reichlich Olivenöl, 1 Löffel Kochflüssigkeit und einigen Tropfen Weinessig anmachen. Mit Salz und Pfeffer abschmecken, dann abkühlen lassen. Bei Raumtemperatur servieren.

ANE DI MONTEGEMOLI
COTTO A LEGNA

Gedünsteter Oktopus mit Tomaten und grünen Oliven

UNTEN Ein Oktopus muß immer zuerst weichgeklopft werden, sonst wird er beim Garen zäh. Beim Kauf erkundigt man sich deshalb besser, ob dieser Schritt schon erfolgt ist. Als wir den Oktopus kauften, reichte Peters ansonsten tadelloses Italienisch nicht mehr aus, um den Fischhändler zu fragen, ob der Krake bereits »verprügelt« worden war, wie man bei uns sagt. Das Tier fühlte sich ziemlich hart an, so daß wir es nach unserer Rückkehr in die Villa notgedrungen auf der Vordertreppe weichklopfen mußten, indem wir das Tier an den Fangarmen packten und auf die Stufen einschlugen.

STEPHANIE Der rosarot bis bronzefarbene Oktopus wurde kurz von jeder Seite über dem Feuer angesengt und dann im geschlossenen Topf langsam in kaltgepreßtem Olivenöl geköchelt, in Scheiben geschnitten und mit frischen Tomaten und Oliven als Beilage zu gebratenen Sprotten gereicht. Nehmen Sie kleine Tomaten; größere Exemplare sollten Sie schälen und entkernen.

1 Oktopus (Krake) von 2 kg, gereinigt und weichgeklopft
125 ml kaltgepreßtes Olivenöl
500 g am Stengel gereifte Tomaten, entkernt und gehackt
125 g große grüne Oliven
Basilikumblätter, zerpflückt
Salz
frisch gemahlener schwarzer Pfeffer
VINAIGRETTE
kaltgepreßtes Olivenöl bester Qualität
Saft von 1 Zitrone
frisch gemahlener schwarzer Pfeffer

Den Oktopus mit Küchenpapier gründlich trockentupfen. Die harten Kauwerkzeuge und den Enddarm herausschneiden (ist der Oktopus noch nicht ausgenommen, dreht man ihn »auf links« und nimmt alle inneren Organe einschließlich des Tintenbeutels heraus und wirft sie weg.) Gründlich abspülen und abtrocknen (falls Sie ihn gerade ausgenommen haben, wieder »auf rechts ziehen«). In einer hohen, großen Pfanne das Olivenöl erhitzen, bis es zu rauchen beginnt. Den Oktopus an den Fangarmen festhalten und den Kopf in die Pfanne halten, damit sich die Poren schließen. Die Tentakel ebenfalls in die Pfanne legen und rund 3 Minuten anbraten. Den Oktopus herausnehmen und den Vorgang wiederholen, bis alle Seiten gleichmäßig angebraten sind. Anschließend den Oktopus zugedeckt auf kleinster Hitze 30–45 Minuten dünsten, bis er sich weich anfühlt. (Die Garzeit ist sehr unterschiedlich, je nachdem, wie gut der Oktopus zuvor weichgeklopft wurde. Wir brauchten nur noch 15 Minuten, aber unser Exemplar war auch besonders gründlich bearbeitet worden.) Im Öl abkühlen lassen.

Tomaten und Oliven in eine Schüssel geben, mit ein wenig Öl beträufeln und etwas Basilikum zugeben. Salzen und Pfeffern. Eine reichliche Menge Vinaigrette anrühren und abschmecken (kein Salz mehr zugeben). Sobald der Oktopus lauwarm ist, wird er in Stücke geschnitten und diese in die Vinaigrette gegeben. Die Tomaten mit Marinade hinzufügen und gut vermengen.

FISCHTOPF MIT MEERESFRÜCHTEN UND GREMOLATA

OBEN UND RECHTE SEITE Ein Australier, der schon einmal auf europäischen Märkten Fisch eingekauft hat, weiß, daß wir Australier in dieser Hinsicht äußerst privilegiert sind. Die enormen Fischpreise in Europa beruhen zum Teil darauf, daß die Ausbeute aufgrund der Überfischung vieler Meeresregionen stark zurückgegangen ist. Allerdings sind die Europäer noch immer bereit, für hochwertige Fische und Meeresfrüchte viel Geld zu bezahlen. Dasselbe Gericht würde in Australien etwa die Hälfte dessen kosten, was wir in Italien dafür bezahlt haben.

Da uns die Namen der Fische überhaupt nichts sagten, waren wir dem Fischhändler vollkommen ausgeliefert. Als er begriffen hatte, was für ein Gericht wir zubereiten wollten, stellte er eine Auswahl Fische zusammen. Wir kauften *spigola* (Wolfsbarsch), der auch *branzino* heißt, *pagello* (Meerbrasse) und *pagello fragolino* (Rotbrasse) sowie *coda di rospo* (Seeteufel), wörtlich »Krötenschwanz«.

2 kg Miesmuscheln, abgebürstet und geputzt
250 ml Weißwein
20 dünne Baguettescheiben
1 Knoblauchzehe
Olivenöl
20 Stücke von je 70 g Seeteufel oder Red Snapper
20 Stücke von je 70 g anderem festfleischigem Fisch
10 kleine Kalmare, in dünne Ringe geschnitten

GRUNDBRÜHE

1 kg kleine Fische, gereinigt und gehackt
2 Fischköpfe, gereinigt und gehackt
500 g Fischabfälle, gereinigt und gehackt
180 ml kaltgepreßtes Olivenöl
1 Fenchelknolle, gehackt
2 Zwiebeln, gehackt
2 Stangen Staudensellerie, gehackt
6 Knoblauchzehen, gehackt
2 Möhren, gehackt
1 TL Fenchelsamen
½ TL Safranpulver
3 l Fischbrühe (siehe Seite 214) oder Wasser
2 kg reife Tomaten, abgezogen, entkernt und grobgehackt
1 Prise Safranfäden
1 rote Chilischote
Salz
frisch gemahlener schwarzer Pfeffer

GREMOLATA

frisch gemahlener schwarzer Pfeffer
½ Bund glattblättrige Petersilie, gehackt
fein abgeriebene Schale von 2 Zitronen
1 TL feingehackter Knoblauch

Für die Grundbrühe Fische, Fischköpfe und -abfälle in 60 ml Olivenöl anbraten. Fenchel, Zwiebeln, Sellerie, Knoblauch, Möhren, Fenchelsamen und Safranpulver zugeben. 5 Minuten anbraten, dann Brühe oder Wasser zugießen. 20 Minuten sprudelnd kochen, dann alles durch ein Passiergerät in eine Schüssel streichen, dabei kräftig ausdrücken, um vor allem das Aroma aus den Gräten zu ziehen.

In einem zweiten Topf die Tomate in dem restlichen Olivenöl andünsten, bis die Flüssigkeit größtenteils verdunstet ist. Durch die grobe Scheibe der Passiermühle drehen und in die Grundbrühe geben. Die Brühe in einen Topf schütten, die Safranfäden und die ganze Chilischote zugeben und 10 Minuten köcheln lassen.

In einem zweiten Topf die Miesmuscheln mit dem Weißwein erhitzen, bis sie sich öffnen. Die Kochflüssigkeit durchseihen und zur Grundbrühe geben. Die Muscheln beiseite stellen; ungeöffnete Muscheln wegwerfen. Die Brühe mit Salz und Pfeffer abschmekken. Ist sie pikant genug, die Chilischote herausnehmen.

Den Backofen auf 200 °C vorheizen. Die Brotscheiben mit einer angeschnittenen Knoblauchzehe einreiben, mit etwas Olivenöl einpinseln und 5 Minuten goldgelb rösten.

Unmittelbar vor dem Servieren den Fisch mit Brühe bedeckt kochen. Der Topf muß so groß sein, daß alle Stücke nebeneinander Platz haben. In einem zweiten Topf mit den Kalamaren ebenso verfahren, in einem dritten Topf die Muscheln aufwärmen. Die Zutaten für die *gremolata* vermischen.

Fische, Meeresfrüchte und Brühe auf vorgewärmte Suppenteller aufteilen und mit *gremolata* bestreuen. Die Brotstücke nach Belieben in die Suppe bröckeln.

ERGIBT 10 PORTIONEN

SARDINEN

Die Sardinen, die wir bei Fischhändlern in Florenz und Siena angeboten bekamen, waren immer preiswert und sehr frisch. Wir servierten sie in Ausbackteig fritiert zu einem mit Fischbrühe gekochten Risotto mit Radicchio (siehe Seite 93) oder aßen sie in Weinblätter gewickelt und gegrillt.

Die Sardinen wie folgt vorbereiten: Die Köpfe abschneiden, die Bauchseite vorsichtig aufschlitzen und die Eingeweide herausholen. Die Fische längs aufschneiden und die Mittelgräte mit einer Schere herauslösen. Die Fische unter fließend kaltem Wasser waschen und die Schuppen abstreifen. Mit Küchenpapier trockentupfen und bis zur Verwendung im Kühlschrank aufbewahren.

Die Sardinen werden in Ausbackteig (siehe Seite 143) getaucht und fritiert oder in Mehl bzw. Ei und Paniermehl gewendet und in der Pfanne in Olivenöl und Butter gebraten. Vor dem Braten können die Sardinen auch mit einer einfachen Paste gefüllt werden, die aus frischen Brotkrumen, geriebener Zitronenschale und gehackter Petersilie oder Fenchelgrün und einem Ei angerührt wird.

Vom Einkauf zurück

Panik beim Ausladen: Wohin mit all den guten Sachen?

Der Ölbaum ist Dreh- und Angelpunkt des toskanischen Lebens. Ölbäume werden nahezu überall angepflanzt, sei es als sorgfältig gehegter Hain

oder zwischen Weinbergen und Feldern, die der regionalen Küche ihre Grundzutaten liefern. Selbst renommierte Winzer füllen ihr eigenes Olivenöl ab.

Der Oliven-hain

ELENAS BROTPUDDING

RECHTE SEITE Ausschnitt aus einem Werk im Museo Civico in San Gimignano

Da alle von unserem Team gegen Verschwendung allergisch sind, entwickelte Elena dieses Rezept als Verwertungsmöglichkeit für die süßen Hörnchen, die vom Frühstück übrigblieben. Sie servierte den Pudding in Scheiben geschnitten und im Ofen aufgewärmt zum Frühstück, doch schmeckte er auch hervorragend, wenn man die Scheiben in etwas Butter anbriet und mit Zimt und Zucker bestreute. Besonders lecker dazu waren Mascarpone oder fette Sahne.

Vanillezucker können Sie übrigens ohne weiteres selbst herstellen. Legen Sie einfach eine Vanilleschote in ein Glas und füllen es mit Zucker, auf den sich Aroma und Duft der Schote sehr schnell übertragen.

Butter
750 ml Milch
300 ml Sahne
6 Eier
100 g Kristall- oder Vanillezucker
2 Tropfen Vanilleessenz
60 ml Sherry, nach Wahl
8 Hörnchen oder Croissants

Den Backofen auf 170 °C vorheizen. Eine 22 cm x 22 cm große, viereckige Backform großzügig mit Butter einfetten. Für die Crème anglaise die Milch mit der Sahne in einem Topf zum Kochen bringen. Die Eier mit dem Zucker cremig rühren, dann die warme Milch und Sahne zugießen. Die Masse in den ausgespülten Topf zurückschütten, die Vanille zugeben (nur wenn Sie keinen Vanillezucker verwendet haben) und auf mittlerer Hitze unter häufigem Rühren mit einem Holzlöffel kochen, bis die Masse andickt und am Löffel haftenbleibt. Falls gewünscht, den Sherry unterziehen, und die Crème anglaise in eine Schüssel seihen.

Das Gebäck in kleine Stücke zerteilen und 5 Minuten in der Crème einweichen. Die Masse in die vorbereitete Form gießen und noch einmal rühren, damit Gebäck und Crème gut vermischt sind. Die Form ins Wasserbad stellen und den Pudding rund 1 Stunde garen, bis er sich fest anfühlt. Vor dem Anschneiden vollständig auskühlen lassen.

ERGIBT 8 PORTIONEN

INSALATA CAPRESE

OBEN UND RECHTE SEITE Überall auf dem Florentiner Markt San Lorenzo wurden Tomaten angeboten, die am Ansatz noch grün waren. Sie laufen dort unter der Bezeichnung *pomodori insalata* (Salattomaten).

STEPHANIE Zu Hause in Australien sehnen wir uns immer nach den tiefroten, aromatischen Exemplaren, an denen in Italien wirklich kein Mangel herrscht. Die Italiener mögen auch das säuerliche, etwas ungewohnte Aroma, das reife, aber noch nicht vollständig gerötete Tomaten aufweisen. Die am Ansatz noch grünen Früchte werden beispielsweise für *insalata caprese* bevorzugt, während die vollreifen, saftigen roten Tomaten eher für *bruschetta,* Saucen oder Tomatenmark verwendet werden.

Chris Butler, der aus Adelaide stammt und heute das Movimento internazionale per la cultura dell'olio di olive vertritt, hielt bei jedem unserer Kochkurse einen Vortrag über Olivenöl. Unter seiner Anleitung verkosteten wir Olivenöl, darunter ein sehr fruchtiges und ein sehr mildes toskanisches Öl ohne jeden Fehler. Um den Unterschied hervorzuheben, probierten wir auch ein Öl, das wir am Vortag im Supermarkt gekauft hatten, und ein nicht identifiziertes, aber miserables Öl. Alle trugen den Vermerk »extra-vergine«. Die beiden letzteren Öle, so merkten wir jetzt, schmeckten ranzig, eines von ihnen hatte sogar einen brandigen Beigeschmack. Das Interessante war, daß die meisten von uns sich zwar für fähig hielten, ranzige Butter, verdorbene Milch oder Korkgeschmack im Wein auf Anhieb zu erkennen, jedoch kaum in der Lage waren, ein so gängiges Nahrungsmittel wie Öl korrekt zu beurteilen.

Verwendet man ein erstklassiges Öl, braucht man nicht lange zu rätseln, warum Gerichte wie *insalata caprese* oder *panzanella* (siehe Seite 181) so viele Freunde haben. Das Öl ist für die Speise ebenso ausschlaggebend wie die aromatischen Tomaten, da es deren Säure und das intensive Aroma des Basilikums in der Waage hält.

Der Salat sollte erst unmittelbar vor dem Servieren angemacht werden. Ist der Käse so frisch, wie er sein sollte, zieht er sonst nämlich Wasser, das sich mit dem Öl vermischen und den Salat optisch verderben würde. Der Florentiner Büffelmozzarella war so frisch, daß er in Blätter eingewickelt werden mußte, damit er fest und ansehnlich blieb!

1 EL kleine Kapern
6 Basilikumblätter
120 g frischer Büffelmozzarella, in Scheiben geschnitten
4 am Ansatz noch grüne Tomaten, in Scheiben geschnitten
60 ml kaltgepreßtes Olivenöl
frisch gemahlener schwarzer Pfeffer
Salz

Die Kapern in warmem Wasser einweichen und abtropfen lassen. Die Basilikumblätter jeweils in 2–3 Stücke zerpflücken. Tomaten mit Mozzarella und Basilikum auf einer Platte anrichten, mit Olivenöl und Pfeffer anmachen und nach Belieben salzen. Den Salat mit den Kapern bestreuen und sofort servieren.

ERGIBT 4 PORTIONEN

VITELLO TONNATO

Das Kalbfleisch in der Delikatessenabteilung des Florentiner Marktes war ein herrlicher Anblick. Es war fest, rosarot mit feinen Fettäderchen und von ausgezeichneter Qualität.

Von diesem klassischen Gericht gibt es verschiedene Varianten. Es eignet sich sehr gut für eine größere Gesellschaft, da es ohne weiteres verdoppelt und vor allem lange im voraus zubereitet werden kann. Das Kalbfleisch kann ohne Dekoration 24 Stunden in der Sauce bleiben. Allerdings sollten Sie die Sauce mit Klarsichtfolie abdecken, da sie sonst braun wird. Wenn Sie die Platte einen Tag lang kalt stellen wollen, verwahren Sie von vornherein etwas Sauce, und geben Sie sie vor dem Dekorieren und Anrichten als oberste Schicht auf das Kalb. 30 Minuten lang auf Raumtemperatur anwärmen.

2 Kalbsnüsse von je 750 g oder 1 entbeinte Kalbskeule
4 Anchovisfilets, zerkleinert
1 Zwiebel, in Ringe geschnitten
1 Stange Staudensellerie, in Scheiben geschnitten
1 Möhre, in Scheiben geschnitten
3 Knoblauchzehen
1 Lorbeerblatt
1 Rosmarinzweig
2 Zweige glattblättrige Petersilie
1½ Zitronen
125 ml trockener Weißwein
Wasser
zusätzliche Anchovisfilets
Kapern
Oliven

SAUCE

150 g Thunfisch in Olivenöl, aus der Dose, abgetropft
1 EL Kapern, abgespült und abgetropft
4 Anchovisfilets
350 ml Mayonnaise (siehe Seite 212)
Salz
weißer Pfeffer
Zitronensaft, nach Wahl

Das Kalbfleisch ringsum mehrfach mit einem kleinen Messer einstechen und mit Anchovisstücken spicken. Fleisch, Gemüse, Knoblauch und Kräuter in einen großen Kochtopf oder emaillierten gußeisernen Schmortopf geben, eine Zitronenhälfte halbieren und zugeben. Den Wein und so viel Wasser zugießen, daß das Fleisch gerade bedeckt ist. Bei kleiner Hitze köcheln lassen, bis das Fleisch sofort nachgibt, wenn man es mit einem Spieß ansticht. Das dauert rund 1½–2 Stunden. Das Fleisch in der durchgeseihten Kochflüssigkeit erkalten lassen und dann vorzugsweise über Nacht (bis zu 2 Tagen) kalt stellen.

Für die Sauce Thunfisch, Kapern und Anchovis in der Küchenmaschine zu einer glatten Paste pürieren, dann die Mayonnaise zugeben. Ist die Sauce dickflüssiger als Sahne, etwas Kalbsbrühe zugeben. Mit Gewürzen abschmecken, vor allem mit Zitronensaft.

Das Fleisch aus der Brühe nehmen und die gelierte Brühe restlos abtupfen. Auf einer großen Servierplatte eine dünne Schicht Sauce verstreichen. Das Kalbfleisch dünn aufschneiden und in einer Schicht auf dem Saucenspiegel anrichten, so daß sich die einzelnen Scheiben etwas überlappen. Mit Sauce bedecken und eine weitere Schicht Fleisch darauf legen, darauf wiederum Sauce, bis alles verbraucht ist. Die Oberfläche bildet eine Schicht Sauce. Die restliche Zitrone in hauchdünne Scheiben schneiden und zusammen mit Kapern, Anchovis und Oliven als Dekoration verwenden.

ERGIBT 6–8 PORTIONEN

RESTEVERWERTUNG

Eier hart kochen, die Eigelbe herauslösen, mit den Saucenresten vermengen und die Eiweiße damit füllen. Entweder als eigenständiges Gericht oder zum Selleriesalat (siehe Seite 128) servieren. Auch die Kalbsbrühe läßt sich als delikate Grundlage für eine schlichte Suppe weiterverwenden.

UNTEN Als sommerliches Mittagessen gab es *vitello tonnato*. Als Vorspeise reichten wir Brot und frischen Ricotta vom Hof der Familie Bischi (siehe Seite 160), dazu wilde Rauke und Borretschblüten.

Römischer Salat mit Sellerieherzen und Oliven

RECHTE SEITE Der Olivenstand auf dem Mercato San Lorenzo bot gut und gern 25 verschiedene Sorten Oliven an. Bei jedem Marktbesuch probierten wir eine andere noch unbekannte Sorte.

Der Salat bildet einen leuchtendgrünen, knackigen Kontrast zum cremigen *vitello tonnato* (siehe Seite 126). Man kann ihn mit jeder Art von Oliven anmachen, seien es schwarze, grüne, milde oder pikante oder eine Mischung von allem. Eine schmackhafte Ergänzung bilden auch kleine Radieschen oder in Scheiben geschnittener roher Fenchel.

2 Bund Staudensellerie
2 Köpfe römischer Salat
kaltgepreßtes Olivenöl
Rotweinessig
Salz
frisch gemahlener schwarzer Pfeffer
6 hartgekochte Eier
90 g schwarze Oliven
einige Zweige glattblättrige Petersilie, gehackt

Die äußeren Stangen des Sellerie und die äußeren Blätter des Salats abschneiden und anderweitig verwenden (beispielsweise für die Salatröllchen zur *zuppa pavese* von Seite 38). Die inneren Salatblätter in eine große Schüssel geben. Die Sellerieherzen putzen, die inneren Blätter und das hellgelbe Selleriegrün fein hacken und zum Salat geben. Die Herzen in Scheiben schneiden und dazugeben, alles gut vermengen.

Aus Olivenöl und Essig eine Vinaigrette anrühren, würzen und den Salat damit anmachen. Möglichst mit den Händen gründlich vermengen. Die hartgekochten Eier pellen und in dicke Scheiben schneiden. Den Salat auf einer großen Platte anrichten und die Eier und Oliven dekorativ darauf legen. Zum Schluß großzügig mit Petersilie bestreuen.

ERGIBT 6 PORTIONEN

OLIVE
TOSCANELLE
4 etti
3500
LIRE
SALAMOIA
FAVOLOSE
FAVOLOSE

KÄSE-CROSTINI

Crostoni und *crostini* sind Brotscheiben, die unter bzw. auf einem Grill geröstet, in Olivenöl oder Butter gebraten oder im Ofen aufgebacken werden. Bei den Aufstrichen und Belägen für diese Brote sind der Fantasie keinerlei Grenzen gesetzt. Manchmal sind es einfach Reste vom Vortag, vielleicht mit einer Béchamelsauce gebunden.

Außerhalb der Toskana sollte man Brot mit dünner, knuspriger Rinde wie beispielsweise Baguette wählen und es in 5 mm dicke Scheiben schneiden.

12 Scheiben Baguette
Olivenöl oder zerlassene Butter
100 g Provolone, frisch gerieben
50 g Mozzarella, frisch gerieben
50 g Parmesan, frisch gerieben
¼ Rezept Béchamelsauce (siehe Seite 40)
1 Eigelb
Salz
frisch gemahlener schwarzer Pfeffer

RECHTE SEITE Am Käsestand auf dem Mercato San Lorenzo waren ganze Mauern aus Käselaiben zu bewundern, darunter wagenradgroße Parmigiano-Reggiano (Parmesan), die aufgeschnitten waren, damit man ihr bröckeliges, wachsgelbes Innenleben neben den glatteren Schnittflächen von Provolone und Pecorino sehen konnte.

Den Backofen auf 200 °C vorheizen. Die Brotscheiben mit Olivenöl oder zerlassener Butter einpinseln und 5 Minuten im Backofen goldgelb rösten.

Den ganzen Käse mit der Béchamelsauce verrühren. Das Eigelb in einer zweiten Schüssel leicht verschlagen und unter die Käsemasse heben. Abschmecken. Die Masse auf das getoastete Brot streichen und 5 Minuten backen, bis der Käse Blasen wirft. Vor dem Verzehr einige Minuten abkühlen lassen, da der Aufstrich sehr heiß ist.

ERGIBT 12 STÜCK

AUFSTRICHE

Als Brotbelag bieten sich auch andere Dinge an, etwa Geflügelleber (siehe Seite 46), blättrig geschnittene Pilze, die kurz angebraten und mit frischen Kräutern vermengt werden, eine Olivenpaste aus entsteinten, pürierten Oliven mit Kapern, Anchovis und ein paar Tropfen Zitronensaft oder aber ein Püree aus weißen Bohnen (siehe Seite 173). Sehr lekker ist auch Spinat, den man kurz zusammenfallen läßt und mit Knoblauch, Zitronensaft und kaltgepreßtem Olivenöl anmacht (die Toskaner würden dazu ihren *cavolo nero* nehmen).

In Italien kann man einen

GANZEN LAIB PARMESAN

als Sicherheit für ein Darlehen hinterlegen

Grissini

RECHTE SEITE Gegrillte Feigen, in *pancetta* gehüllt, dazu Oliven und *grissini*

UNTEN Elena zeigte den Kursteilnehmern, wie man *grissini* macht. Hier sieht man, wie sie die kleinen Brotstangen vor dem Backen mit Olivenöl und Fenchelsamen überzieht.

Wir backten *grissini* als Beilage zum *pinzimonio* (siehe Seite 134), servierten sie aber auch mit der lokalen *finocchiona* (einer köstlichen, mit Fenchel aromatisierten Salami). Wir wickelten die dünnen Wurstscheiben um die *grissini* und legten sie mit auf eine Antipasti-Platte, zu der auch schrumpelige schwarze Oliven und *crostini* mit pürierten weißen Bohnen gehörten (siehe Seite 173).

Olivenöl
Knoblauch, feingehackt
Fenchelsamen
Salz
frisch gemahlener schwarzer Pfeffer

TEIG
250 g Vollkornmehl
1 TL Salz
2 TL Trockenhefe
1 TL Honig
1 TL Olivenöl
125 ml Wasser

Alle Zutaten für den Teig vermengen und kräftig kneten, bis der Teig geschmeidig ist. In eine eingefettete Schüssel legen und mit einem Geschirrtuch bedeckt an einem zugfreien Ort ca. 1 Stunde gehen lassen, bis sich das Volumen verdoppelt hat. Noch einmal leicht kneten und wiederum auf die doppelte Menge gehen lassen, diesmal etwa 30 Minuten.

In der Zwischenzeit den Backofen auf 180 °C vorheizen. Walnußgroße Teigstücke abreißen und jeweils zu einer dünnen Stange von ca. 25 cm Länge rollen. Olivenöl in einen flachen Teller gießen, mit Knoblauch, Fenchelsamen, Salz und Pfeffer mischen und jeden *grissino* darin wälzen. Im weiten Abstand voneinander auf ein bemehltes Backblech legen und sofort 15 Minuten lang backen, bis die *grissini* braun und knusprig sind.

ERGIBT 30 STÜCK

PINZIMONIO

OBEN Die Radieschen, die wir in Florenz auf dem Markt fanden, paßten ausgezeichnet zu unserem *pinzimonio.* Sie waren klein, knackig und nicht zu scharf. Ein Markthändler behauptete sehr hartnäckig, die runden Fenchelknollen seien die weiblichen, die langen, dünnen jedoch die männlichen, und nur diese seien gut genug für *pinzimonio.*

Wir servierten die Rohkostplatte mit Anns hausgemachtem, wunderbar fruchtigem Olivenöl, das auch bei Chris Butler Anerkennung fand. Ann schenkte uns auch eine Flasche von ihrem eigenen Rotweinessig, der viel besser war als alle anderen, die wir probierten.

MAGGIE Olivenöl ist für mich schon seit langem sehr wichtig, doch seit unserem Toskana-Aufenthalt liebe ich es ganz besonders. Es gehört zu einem meiner größten Vergnügen, bei jeder Mahlzeit an jedem Ort am Olivenöl zu schnuppern, es zu probieren und die unglaubliche Vielfalt von Düften und Aromen kennenzulernen, die sich uns auftut.

Am Tag unserer Ankunft schenkte Ann uns etwas von ihrem hausgemachten Öl. Es war vom Vorjahr, aber noch ungemein frisch und »olivig«, mit dem für toskanisches Olivenöl typischen pikanten Beigeschmack. Die Öle der diversen Winzer, mit denen wir zu tun hatten, unterschieden sich in Fülle und Charakter. Das eine oder andere war etwas milder, als ich erwartet hatte, ließ sich dafür aber gut mit zarteren Aromen kombinieren.

STEPHANIE *Pinzimonio* ist die italienische Version der französischen *crudités.* Dazu wurde stets feinstes kaltgepreßtes Olivenöl, hochwertiger Essig oder Zitronensaft, eine Pfeffermühle und ein Tellerchen mit Meersalz auf den Tisch gestellt. Die Rohkostplatten waren immer malerisch. Da gab es Staudensellerie mit Grün, Fenchel, Frühlingszwiebeln, winzige Zucchini, junge Artischockenherzen, Tomaten, Radieschen und praktisch jedes andere knackige Gemüse, das roh schmackhaft ist, gelegentlich auch blanchierten Spargel. Man tunkt einfach die Stücke ein und ißt. Basta.

MANGOLD MIT WEINTRAUBEN

Am ersten Tag der Weinlese pflückte Elena einige der prallen Trauben von den Weinstöcken der Villa und schmorte sie mit Mangold.

2 Bund Mangold
Salz
2 EL kaltgepreßtes Olivenöl
2 Knoblauchzehen, in feine Scheiben geschnitten
250 g Weintrauben, halbiert und entkernt, oder kernlose blaue Trauben
frisch gemahlener schwarzer Pfeffer

Die Mangoldblätter von den Stielen abtrennen, zusammenrollen und in feine Streifen schneiden. Die Stiele von zähen Fäden befreien und in etwa 6 cm x 2 cm große Stücke schneiden. Einen Topf mit Salzwasser zum Kochen bringen und die Stielstücke darin 2 Minuten blanchieren. Abschütten, abtropfen und ausdrücken. Das Olivenöl mit dem Knoblauch bei mäßiger Hitze erwärmen und die Stiele darin zugedeckt 5 Minuten dünsten. Den Deckel abnehmen und die Mangoldblätter und Trauben zugeben. Weitere 5 Minuten kochen, bis der Saft eindickt. Abschmecken und zu Brathähnchen servieren.

ERGIBT 6 PORTIONEN

Brathähnchen mit Kartoffeln und Lorbeer

Nachdem wir erst einmal den Unterschied zwischen Suppenhühnern und Brathähnchen begriffen hatten, gelangen uns einige sehr leckere Gerichte. Die Hähnchen waren absolute Spitze. Ihr dickes Fleisch war gelb, aromatisch und zart. Man konnte sich gut vorstellen, daß diese Tiere noch am Vortag genau wie ihre Vettern, denen wir im Olivenhain begegneten, im Boden gescharrt hatten.

Zu den Hähnchen gab es Mangold mit Weintrauben (siehe Seite 134), den wir zum Servieren auf dem Geflügel anrichteten.

OBEN Auf dem Markt wurde Geflügel komplett mit Kopf und Beinen angeboten, damit der Kunde über Geschlecht und Alter der Tiere genau Bescheid weiß. Was für ein Unterschied zu unseren »Supermarkt-Gockeln«!

2 Hähnchen von je 1,8 kg
1 Zitrone, in 4 dicke Scheiben geschnitten
2 frische Lorbeerblätter
60 ml kaltgepreßtes Olivenöl
Salz
frisch gemahlener schwarzer Pfeffer
6 große Kartoffeln, geviertelt
12 große Knoblauchzehen mit Schale
2 EL Agresto
250 ml Geflügelbrühe (siehe Seite 213)

Den Backofen auf 220 °C vorheizen. Bei beiden Hähnchen das Rückgrat mit der Geflügelschere herausschneiden, dann das Brustbein entfernen. Die Haut am Hals belassen, aber lockern, und Zitronenscheiben sowie ein Lorbeerblatt auf beiden Brustseiten unter die Haut schieben. Die Haut wieder glätten und die Hähnchen trockentupfen. Jedes mit 2 Eßlöffeln Öl einreiben, salzen und pfeffern.

Die Kartoffeln trocknen und zusammen mit den ungeschälten Knoblauchzehen in dem restlichen Öl wälzen. Kartoffeln und Knoblauch auf dem Boden einer großen feuerfesten Form verteilen. Die Hähnchen auseinanderziehen, mit der Hautseite nach oben auf die Kartoffeln legen und 40 Minuten backen. Die Form aus dem Ofen nehmen und die Kartoffel- und Knoblauchstücke loskratzen. Die Temperatur auf 200 °C herunterschalten und die Hähnchen weitere 15 Minuten backen. Die Hähnchen auf eine vorgewärmte Platte legen und locker mit Alufolie zudecken. (Sollten die Kartoffeln noch nicht kroß sein, geben Sie sie zu weiterem Rösten in eine saubere Form.)

Die Form auf den Herd stellen und den Bratensatz sprudelnd aufkochen lassen, dabei alles Festgebackene von den Seiten loskochen. Agresto und Brühe zugeben und zu einer aromatischen Sauce einkochen. Die Hähnchen portionieren und mit Kartoffeln und Knoblauch auf die Platte legen. Die Sauce abschmecken und über die Hähnchen geben.

Ergibt 6 Portionen

PFLAUMEN-MASCARPONE-TORTE

RECHTE SEITE Um die Probleme zu umgehen, die wir beim Backen mit italienischer Butter hatten, stellte Elena den Mürbeteig mit Eiweiß anstelle von Wasser her, was gut gelang. Sie nahm 240 g Mehl auf 180 g Butter, arbeitete 45–50 ml Eiweiß (ein Eiweiß hat rund 30 ml) in den Teig ein und ließ ihn dann wie im Rezept auf dieser Seite beschrieben vor dem Blindbacken ruhen.

Durch die Kombination aus knusprigem Teig, den überaus saftigen Pflaumen und dem sagenhaften italienischen Mascarpone (der steif, butterzart und säurearm sein soll) war diese Torte jedesmal ein voller Erfolg. Dabei ist sie so einfach zu backen! Allerdings hatten wir Probleme mit dem Teig, weil die schmackhafte helle italienische Butter leider sehr, sehr weich ist. Wir kühlten die marmorne Arbeitsfläche mit Beuteln voller Eiswürfel und mußten sehr schnell arbeiten.

Welche Sorten Pflaumen (keine Zwetschgen) man nimmt, ist nicht so wichtig. Sehr lecker sind auch Reineclauden.

1 kg frische Pflaumen
Zucker
60 g Butter
500 ml Mascarpone
2 TL Pflaumenlikör, nach Wahl

SAUERRAHM-MÜRBETEIG

200 g kalte Butter, gehackt
250 g Mehl
125 ml saure Sahne

Für den Teig Butter und Mehl in der Küchenmaschine mit einigen Momentschaltungen vermischen, bis die Masse wie Brotkrümel aussieht. Die saure Sahne zugeben und weiter kneten, bis sich eine Kugel bildet. Den Teig vorsichtig in Klarsichtfolie wickeln und 20 Minuten kalt stellen.

Den gut durchgekühlten Teig ausrollen und eine Springform von 20 cm Durchmesser damit auslegen. 20 Minuten kalt stellen.

Den Backofen auf 200 °C vorheizen. Den Teig in der Form mit Alufolie abdecken, mit getrockneten Bohnen belegen und 15 Minuten blindbacken. Folie und Bohnen herausnehmen und die Form weitere 5 Minuten backen. Den Tortenboden auf Raumtemperatur abkühlen lassen und den Backofen auf 210 °C stellen.

Die Pflaumen halbieren und entsteinen. Eine Lage Pflaumen in eine feuerfeste Form legen und je nach Säuregehalt etwas zuckern. Mit Butterflöckchen belegen und 20 Minuten backen. Die Pflaumen sollten gar sein, aber noch ihre Form behalten. Abkühlen lassen, den austretenden Saft auffangen.

Den Tortenboden mit Mascarpone (gegebenenfalls mit etwas Likör verdünnt) füllen und die Pflaumen mit der Innenseite nach oben darauf legen. Den Saft zu Sirup einkochen und über die Pflaumen träufeln. Sofort servieren.

ERGIBT 8 PORTIONEN

FERRARI

DIE AM MITTAG SO
LIEGEN BEI SONNENUNTERGANG

SCHARF GEZEICHNETEN HÜGEL
WEICH MODELLIERT . . .
EDITH WHARTON
ITALIAN BACKGROUNDS

Sieht man einem Bauern bei der Herstellung von Ricotta zu, während seine Kühe im Stall daneben stehen und von den Dachsparren die Zwiebeln vom letzten Jahr und Tomatentrauben neben hausgemachtem Schinken herabhängen, versteht man erst, was Autarkie wirklich bedeutet.

Der Hof

Gefüllte Zucchiniblüten

Die auffallende männliche Blüte, die an einem langen Stiel aus der Mitte der Zucchinipflanze herauswächst, eignet sich am besten zum Füllen (die weiblichen Blüten entwickeln sich zu Zucchinifrüchten, deshalb wäre es zu schade, sie abzupflücken). Auf italienischen Wochenmärkten werden die hübschen Blüten bündelweise angeboten, denn sie sind dort als Vorspeise sehr beliebt. Man kann sie recht aufwendig zubereiten oder einfach durch Ausbackteig ziehen und fritieren bzw. braten. Wenn die Blüten ganz frisch sind, benötigen sie eigentlich gar keine Füllung.

Zum Füllen eignet sich zerkleinerter, mit gehackten Anchovisfilets vermischter Bocconcini-Käse, in kleine Würfel geschnittener Mortadella mit Knoblauch, Brotkrumen, Petersilie, frisch geriebenem Parmesan und einigen Tropfen Olivenöl oder frischer Ricotta bzw. Ziegenfrischkäse, der mit gehacktem Spinat oder Mangold vermischt und mit Salz, Pfeffer und Muskat gewürzt wird.

Der hier beschriebene Ausbackteig eignet sich auch für lange, dünne Zucchinischeiben oder frische Sardinen. Uns schmeckte ein ähnlicher Teig auch zu gebratenen Salbei-Anchovis-»Sandwiches«, wie sie im herrlichen Restaurant La Fattoria in Tavernelle serviert werden.

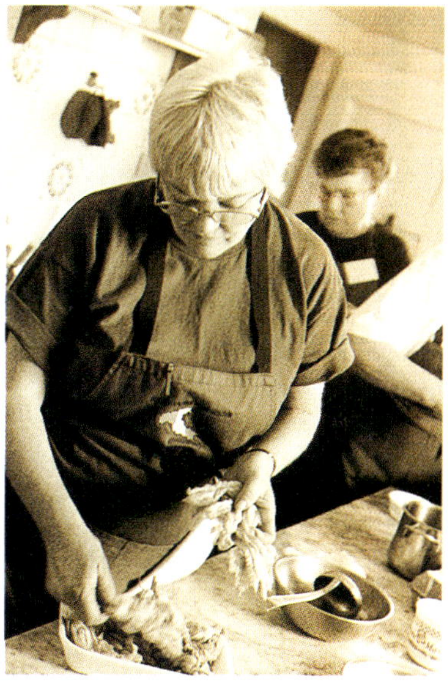

OBEN Beim Füllen der Zucchiniblüten. Eines Sonntagabends stellten wir fest, daß wir weder Ricotta noch Mozzarella im Haus hatten, und servierten die Zucchiniblüten deshalb mit einer improvisierten Füllung aus Auberginen und Parmesan. Bei einer anderen Gelegenheit bereiteten wir eine Vorspeisenplatte aus Zucchiniblüten, gegrillten Steinpilzen und Polenta als Überleitung zu einem unserer Lieblingsgerichte, Kaninchen mit Zwiebeln und *pancetta* (siehe Seite 146).

LINKE SEITE Auf dem Markt wurden Zucchiniblüten angeboten, die erst wenige Stunden zuvor geerntet worden waren.

Olivenöl
Füllung nach Wahl
12 Zucchiniblüten

AUSBACKTEIG
250 g Mehl
1 TL Salz
125 ml Olivenöl
375 ml warmes Wasser
2 Eiweiß

Für den Ausbackteig Mehl und Salz in eine Schüssel sieben und in die Mitte eine Vertiefung drücken. Olivenöl und Wasser mischen und zum Mehl gießen. Die Masse zu einem glatten Teig verarbeiten und mindestens 1 Stunde ruhen lassen. Die Eiweiße steif schlagen und unter den Teig ziehen, diesen anschließend sofort weiterverarbeiten.

Das Olivenöl in einen 3 cm hohen großen Topf gießen und erhitzen. Es ist heiß genug, wenn ein Brotstückchen sofort braun wird, wenn man es hineinwirft. In jede Blüte ein wenig Füllung geben und die Blütenblätter vorsichtig darüber zusammenschlagen. Die gefüllte Blüte in den Teig tauchen und goldgelb ausbacken. Auf zerknülltem Küchenpapier gründlich abtropfen lassen und mit Meersalz bestreut sofort servieren.

ERGIBT 12 STÜCK

Gnocchi mit Salbei und brauner Butter

OBEN An einem Vormittag wanderten wir zu einem mittelalterlichen Turm, den wir in der Ferne sahen. Wir kamen an Bachufern vorbei, wo wilde Alpenveilchen und Herbstkrokusse blühten und zwischen brennesselüberwucherten Hecken die reifen Beeren von Wacholderbüschen leuchteten. Wir sahen alte Mühlräder und verlassene Häuser und wanderten an verwilderten Rebstöcken entlang. Wir pflückten wilde Rauke zu unserem *vitello tonnato* (siehe Seite 126). In der Nähe einer Kirche fanden wir Engelwurz. Auf dem Boden waren Kratzspuren zu sehen. Hatte es dort Steinpilze oder vielleicht sogar Trüffel gegeben? Auch wenn unsere Fantasie hohe Wellen schlug, mußten wir doch vernünftigerweise einräumen, daß es in diesem Teil der Toskana viel zu trocken für Pilze war.

RECHTE SEITE Weiche Gnocchi-Kissen mit einer schlichten Sauce aus kroß ausgebratenem Salbei und brauner Butter

MAGGIE Seit längerem experimentiere ich mit verschiedenen Gnocchi-Rezepten, die teils Butter, teils Ei verwenden. Ich habe festgestellt, daß Butter und kräftiges Kneten die Gnocchi erheblich lockerer machen. Doch erst bei einem Urlaub in Umbrien stellte ich fest, daß der wesentliche Faktor die Qualität der Kartoffeln ist. In Italien scheint es zwei Sorten zu geben, die beide halbfest und gelb sind; leider konnte ich deren Namen nicht in Erfahrung bringen. Ich bevorzugte die kleinere, dunklere der beiden.

200 g Mehl
500 g vorwiegend festkochende Kartoffeln, geschält
Salz
175 g Butter
frisch gemahlener schwarzer Pfeffer
1 Handvoll Salbeiblätter
kaltgepreßtes Olivenöl
frisch geriebener Parmesan

Das Mehl auf der Arbeitsfläche zu einem Rechteck ausstreuen. Die Kartoffeln etwa 15 Minuten dämpfen, bis sie durch und durch gar sind. Noch heiß durch die Kartoffelpresse gleichmäßig verteilt auf das Mehl drücken und salzen.

50 g Butter zerlassen und gleichmäßig über die Kartoffeln träufeln. Mit einem Teigschaber das Mehl nach und nach mit den Kartoffeln vermengen und zu einem festen Teig verarbeiten. 5–6 Minuten (nicht länger und nicht kürzer!) vorsichtig kneten. Den Teig vierteln und jedes Stück einzeln zu einer langen, dünnen Rolle von 1 cm Durchmesser formen. Jede Rolle in 2,5 cm lange Stücke zerschneiden.

Ein großer Topf eignet sich ideal zum Garen der Gnocchi. Den Topf mit Wasser füllen, Salz zugeben und zum Kochen bringen. Sobald das Wasser kocht, die Gnocchi alle auf einmal ins Wasser gleiten lassen (sofern der Topf groß genug ist, daß alle Gnocchi nebeneinander hineinpassen), dann die Hitze so weit herunterschalten, daß das Wasser gerade eben noch siedet. Wenn die Gnocchi an die Wasseroberfläche steigen, noch 1 Minute weiterkochen, dann mit einem Schaumlöffel herausheben und in die vorgewärmte Servierschüssel füllen. Die Gewürze zugeben.

Die Salbeiblätter in der restlichen Butter und einem Spritzer Olivenöl bei mäßiger Hitze braten, bis die Butter nußbraun und der Salbei knusprig ist. Wichtig ist, daß die Salbeiblätter kroß werden, bevor die Butter braun wird. Butter und Salbei über die heißen Gnocchi geben und sofort als Vorspeise servieren. Den Parmesan separat dazu reichen.

ERGIBT 8 PORTIONEN

Kaninchen mit Zwiebeln, pancetta, Thymian und Rosmarin

MAGGIE Kaninchen ist in der Toskana sehr beliebt. Auf dem Rückweg vom Markt zur Villa bekamen wir einmal ein fantastisch zubereitetes Kaninchen im Ristorante La Fattoria in Tavernelle. Der Koch hatte den Rücken entbeint und mit der Leber, Schweinswürstchen und vielen Kräutern gefüllt und gebraten. Das Fleisch wurde in Scheiben geschnitten gereicht, dazu gab es eine Sauce aus hauseigenen Trauben. Vor dem Fleischgang gab es eine winzige Portion Salbei-Zitronen-Sorbet – eine durch und durch der Jahreszeit entsprechende Menüfolge.

Wir kauften auf dem Florentiner Markt Stallkaninchen von hervorragender Qualität und sehr schöner Größe. Wir probierten verschiedene Rezepte aus, immer in den gleichen drei einfachen Schritten, jedoch jedesmal mit anderen Beilagen und Aromen. Einmal richteten wir es mit unseren geliebten flachen Zwiebeln und getrüffelter Polenta an, die wir bei einem Tagesausflug ins Chianti in Greve gekauft hatten. Ein andermal servierten wir dazu frische Borlotti-Bohnen, und bei wieder einer anderen Gelegenheit gab es einen Schmortopf aus *broccoletti*, Zwiebeln und *pancetta* dazu.

2 Stallkaninchen von je 1,7 kg (mit Lebern und Nierchen)
3 Thymianzweige
1 Rosmarinzweig
Olivenöl
Salz
frisch gemahlener schwarzer Pfeffer
Agresto
16 Scheiben pancetta
24 Perlzwiebeln, geschält
250 ml Geflügelbrühe (siehe Seite 213)

Die Keulen und Vorderbeine abschneiden und beiseite stellen. Lebern und Nieren herausnehmen. Den Rücken von Sehnen befreien. Von den Thymian- und Rosmarinzweigen die Blätter abstreifen und hacken. Die Kaninchenteile einschließlich Innereien mit Olivenöl, Salz, Pfeffer, Thymian, Rosmarin und 1 Eßlöffel Agresto einreiben. Das Fleisch in eine Schüssel legen und 1 Stunde bei Raumtemperatur durchziehen lassen.

Den Backofen auf 220 °C vorheizen. Die *pancetta* ohne Fettzugabe in einer Pfanne (oder im Backofen) knusprig rösten und auf Küchenpapier abtropfen lassen. In einem großen Schmortopf zunächst die Keulen und Zwiebeln 15 Minuten rösten, nach der Hälfte der Zeit wenden. Zum Schluß aus dem Ofen nehmen und beiseite stellen. Die Rücken 10–12 Minuten braten, nach der Hälfte der Zeit wenden. Beiseite stellen. Die Vorderbeine nicht länger als 6 Minuten rösten, dabei nach 3 Minuten wenden. Ebenfalls beiseite stellen.

Den Topf bei mäßiger Hitze auf die Herdplatte stellen. 125 ml Agresto zugießen und sprudelnd einkochen lassen, dabei den Bratensatz von den Wänden und vom Boden lösen. Die Brühe zugießen und bis zur gewünschten Konsistenz einkochen. Den Topf locker mit Alufolie zudecken und an einem warmen Ort 30 Minuten ruhen lassen.

Die Lebern und Nieren mit einem Spritzer Olivenöl in einer Pfanne anbraten. Jeden Rücken in vier Teile zerschneiden. Mit den Fingern das Muskelfleisch von den Keulen und Vorderbeinen lösen, gegebenenfalls mit einem scharfen Messer vom Knochen schneiden. Die Kaninchenteile in den Bratensaft legen und ein paar Minuten im Backofen erwärmen, dann mit Zwiebeln und *pancetta* vermischt auf einer großen Servierplatte anrichten. Die Lebern und Nieren als besonderen Leckerbissen anbieten.

ERGIBT 8 PORTIONEN

RÖSTZWIEBELN

Wenn Sie keine Perlzwiebeln auftreiben können, halbieren Sie ungeschälte Haushaltszwiebeln. In einer gefetteten feuerfesten Form ohne Deckel bei 220 °C 2 Stunden im Backofen rösten, bis sie karamelisiert und ganz weich sind. Die Außenhaut abziehen und wegwerfen und die Zwiebeln mit Balsamessig, kaltgepreßtem Olivenöl und frisch gehackter Petersilie anrichten.

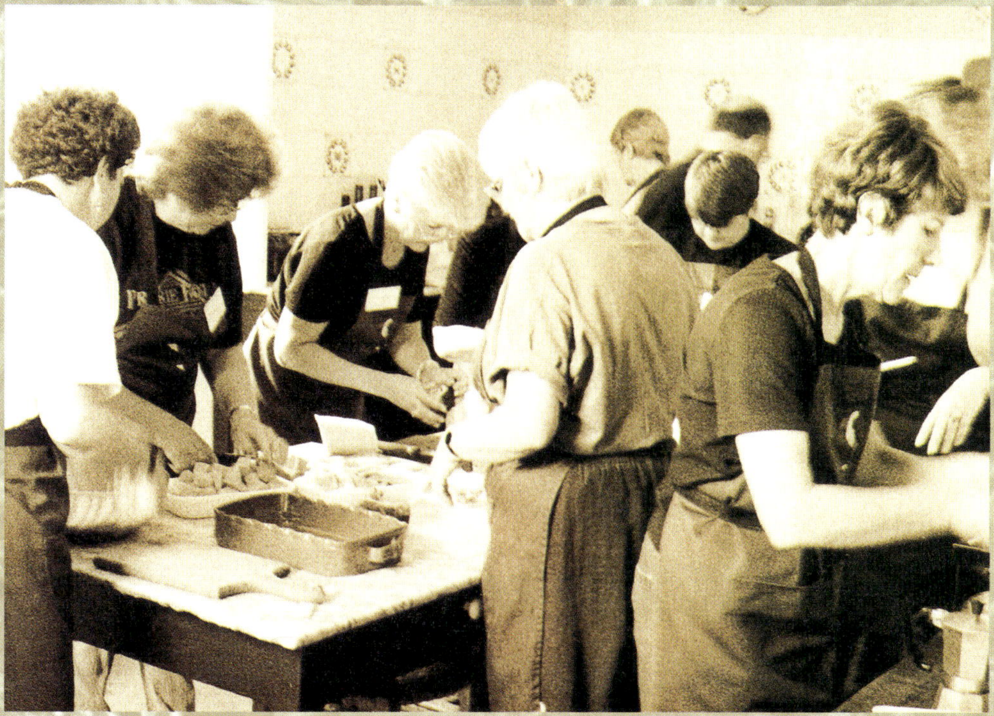

UNTEN Unsere Küche in der Villa. Die Wände waren mit schönen handbemalten Tellern dekoriert, von denen die meisten mindestens 100 Jahre alt waren, einige sogar älter. Ihre verblichenen Farben und angeschlagenen Ränder riefen uns die lange Geschichte des Hauses in Erinnerung. Die Anwesenheit unseres Fotografen Simon machte jede Mahlzeit zu einem besonderen Erlebnis. Von jedem Gericht wurde ihm eine Portion zunächst auf einem der schönen alten Teller serviert, damit er Fotos machen konnte, bevor das Essen von uns oder den Kursteilnehmern vertilgt wurde.

PANNA COTTE

STEPHANIE Diese köstliche Creme ist eines den schönsten Desserts, die es überhaupt gibt. Ich kenne sie aromatisiert mit Bittermandelöl, zerdrückten Aprikosenkernen, Rosenwasser, Rosenduftpelargonien, Ingwer und dergleichen. Die Zartheit der perlweißen Creme sollte nicht durch allzu kräftige Aromen beeinträchtigt werden. Dazu paßt ein Fruchtcoulis oder ein Obstkompott. Wir reichten dazu gedünstete Quitten (siehe Seite 149).

Süßmandelöl
3 Blätter Gelatine
250 ml Milch
250 ml Sahne
50 g Zucker
1 Vanilleschote oder 1 zerdrückter Aprikosenkern
einige Tropfen Vanilleessenz oder Rosenwasser

4 Puddingförmchen von je 125 ml mit Mandelöl einpinseln. Die Gelatine 2–3 Minuten in kaltem Wasser einweichen. Milch und Sahne zusammen mit Zucker und Vanilleschote (bzw. dem Aprikosenkern) in einem Topf langsam erhitzen, dabei häufig umrühren, bis sich der Zucker aufgelöst hat. Die Gelatine ausdrücken, in die Milch geben und unter Rühren vollständig auflösen. Die Vanilleessenz (oder andere flüssige Aromen) zugeben und die Masse durch ein Sieb in die vorbereiteten Förmchen füllen. Etwa 6 Stunden lang kalt stellen.

Mit einem scharfen Messer am Rand der Förmchen entlangfahren, um die Creme zu lösen, und den Boden der Förmchen 1 Minute in heißes Wasser stellen. Die *panne cotte* auf Teller gleiten lassen, dazu die gedünsteten Quitten und ein wenig von deren Saft oder ein anderes Kompott servieren.

ERGIBT 4 PORTIONEN

MAGGIES GEDÜNSTETE QUITTEN

STEPHANIE An einem Nachmittag machten Maggie und ich einen kurzen, belebenden Spaziergang. Es tat gut, sich an der frischen Luft zu bewegen und den Erntehelfern bei der Weinlese zuzusehen, die goldgelbe und blauschwarze Trauben in ein und denselben Bottich schütteten (wie bei der Chianti-Herstellung traditionell üblich). Ständig kamen wir an anderen Villen vorbei, viele von ihnen hinter hohen Baumgruppen verborgen. In den Gemüsegärten leuchteten die letzten Tomaten des Jahres, in jedem Garten standen Obstbäume. Wir hoben ein paar heruntergefallene Quitten mit Druckstellen auf und hatten prompt ein schlechtes Gewissen, als ein Polizeiauto vorbeifuhr!

6 ganze Quitten, möglichst mit Stielen und Blättern
1,5 l Wasser
920 g Zucker
Saft von 3 Zitronen

Den Flaum von den Quitten reiben und die Früchte gründlich waschen. Dicht an dicht in einen schweren Topf legen, das Wasser und den Zucker zugeben. Bei relativ hoher Temperatur kochen, bis die Flüssigkeit zu gelieren beginnt, dann bei niedriger Hitze bis zu 5 Stunden leise köcheln lassen (den Topf notfalls auf ein Drahtgeflecht stellen). Die Quitten sollten während dieser Zeit mindestens viermal gewendet werden, damit die tiefrote Farbe, die sie beim Kochen annehmen, bis zum Kerngehäuse reicht. Gegen Ende der Kochzeit den Zitronensaft zugießen, sonst wird das Kompott zu süß.

SCHNELLVERSION

Wenn Sie nicht genug Zeit haben, die Quitten stundenlang zu kochen, vierteln Sie die Früchte zunächst und mischen dann zu gleichen Teilen Wasser, Zucker, die Kerngehäuse und Schalen (oder nehmen Sie 1 oder 2 Quitten mehr). Diese Mischung unter Rühren erhitzen, bis sich der Zucker aufgelöst hat. Die Quittenviertel mit diesem Sirup in einen flachen Topf geben und auf der Herdplatte oder im Backofen weich kochen, dabei mehrmals wenden, damit sie gleichmäßig garen.

ERGIBT 12 PORTIONEN

OBEN Zum Dünsten vorbereitete Quitten. An einem Tag legte Elena die vom Mittagessen übriggebliebenen Quitten, die wir zur Karamelcreme von Seite 150 serviert hatten, mit dem Saft in eine kleine, runde Schale. Nachdem die Kursteilnehmer an dem Abend nach Siena abgefahren waren, gönnten wir uns einen großen *insalata caprese* (siehe Seite 124), etwas Salami und dieses Quittengelee, das uns zu unserem Gorgonzola dolce ganz ausgezeichnet mundete.

CRÈME CARAMEL

RECHTE SEITE Beim letzten Kochkurs war *panna cotta* mit Quitten der Clou des Tages. Allein die Farben begeisterten! Der leuchtend karneolrote Quittensaft war fast vollständig geliert. Sein Aroma verband sich wunderbar mit der zarten gestockten Creme. Die kühle, seidige Creme zu dem sämigen Quittenkompott fühlte sich auf der Zunge sehr eigentümlich und wunderbar an. Angesichts der Begeisterungsstürme unserer Kursteilnehmer fehlten uns die Worte.

FOLGENDE DOPPELSEITE Die Villa steht in der Region Crete di Siena, übersetzt etwa in der »Töpfertongegend« von Siena. Das ursprünglich dicht bewaldete Gebiet wurde im Laufe der Jahrhunderte weiträumig gerodet, um Platz für Ackerbau zu machen. Nach der Ernte werden die Stoppelfelder abgeflämmt, so daß man im Spätsommer abends überall Feuer lodern sieht. Danach wird der Boden gepflügt, so daß die schweren, tonhaltigen Schollen brach liegen, bis der Regen sie aufweicht und der Acker erneut eingesät werden kann. Wir stellten uns vor, wie die Landschaft im späten Frühling und im Sommer aussieht, wenn die grünen Getreidefelder sich im sanften Wind wiegen und prächtige Sonnenblumen blühen.

MAGGIE Bei dieser alternativen Methode, *panna cotta* zuzubereiten, wird anstelle der Gelatine zum Stocken Eiweiß verwendet. Wir lernten das Verfahren von Stefano de Pieri vom Grand Hotel Mildura. Er selbst hatte das Rezept von einem Koch namens Francesco, der eine Saison lang bei ihm gearbeitet hatte. Das köstliche Dessert war in der Villa di Corsano ein solcher Renner, daß wir es »die ultimative *panna cotta*« tauften.

1 l fette Sahne (45 % Fett)
150 g Zucker
2 Kaffeebohnen
½ Vanilleschote
10 Eiweiß
1 Prise Salz
KARAMEL
230 g Zucker
60 ml Wasser

Für den Karamel Zucker und Wasser in einem Topf erhitzen, bis der Zucker sich aufgelöst hat. Nun nicht mehr rühren und zu einer dunklen Karamelfarbe einkochen lassen. Vom Herd nehmen und sofort den Boden des Topfes in kaltes Wasser stellen, um den Kochvorgang zu unterbrechen. Den Karamel in 15 Portionsförmchen von je 125 ml gießen und die Förmchen schwenken, damit sich der Karamel gut verteilt. Beiseite stellen. In einem Topf die Sahne mit 125 g Zucker, den Kaffeebohnen und der Vanilleschote erhitzen und rühren, bis sich der Zucker aufgelöst hat. Den Topf vom Herd nehmen und in eine mit Eis gefüllte Schüssel oder in den Kühlschrank stellen, bis die Sahnemasse vollständig durchgekühlt ist. Die erkaltete Sahne durch ein Sieb in eine große Schüssel schütten.

Den Backofen auf 180 °C vorheizen. Die Eiweiße mit Salz halbsteif schlagen, dann den restlichen Zucker einrieseln lassen und weiterschlagen, bis der Eischnee ziemlich steif ist, aber nicht zu sehr, da er sich sonst nicht mehr mit der kalten Sahne verbindet. Ein Drittel des Eischnees in die kalte Sahne einrühren und den Rest vorsichtig unterheben. Die Masse in die vorbereiteten Förmchen füllen, und zwar so hoch wie möglich. Ein zusammengefaltetes Geschirrtuch auf ein tiefes Backblech legen, die Förmchen darauf stellen und so viel heißes Wasser angießen, daß die Förmchen zu drei Vierteln im Wasser stehen. Das Backblech mit Alufolie zudecken und in den Ofen schieben. 5 Minuten backen, dann die Temperatur auf 150 °C reduzieren und 1 Stunde 15 Minuten backen. Sind die Cremes dann in der Mitte noch sehr weich, weitere 15 Minuten garen. Abkühlen und über Nacht im Kühlschrank fest werden lassen. Mit einem Messer rings um den Rand der Förmchen fahren und die Cremes vorsichtig auf Servierteller gleiten lassen.

ERGIBT 15 PORTIONEN

In der Ferne das Mosaik eines
einem, auf dem das Grün spriesst,

FRISCH EINGESÄTEN FELDES NEBEN

UND EINEM, DAS BRACHLIEGT

Gegrillte Auberginen in Thymian-, Knoblauch- und Balsamessigmarinade

OBEN UND RECHTE SEITE Der Bauernhof der Familie Bischi. Als wir Signora Bischi kennenlernten, saß sie strickend auf der Veranda im ersten Stock ihres rustikalen Hauses, an das eine überwölbte Steinmauer grenzte. Auf beiden Seiten war das Wohnhaus von Scheunen flankiert. Zu einer gehörte ein überdachter Durchgang, in dem ein Traktor stand – alte Hülle für modernes Gerät. Signora Bischi und ihr Mann hießen uns bei zwei verschiedenen Gelegenheiten willkommen. Sie verkauften uns frischen Ricotta und Pecorino aus der Milch ihrer eigenen Kühe und Schafe. Die Rinder standen in einer Scheune neben dem Wohnhaus, dort gab es auch ein kleines Kühlhaus. Hier erhielten wir ein üppiges Stück vom hauseigenen halbfesten Schnittkäse aus Ziegenmilch.

STEPHANIE Diese leckeren Häppchen waren Teil einer Antipasti-Platte, zu der auch unsere eingelegten Pilze (siehe Seite 210) und frischer Ricotta vom selben Tag gehörten.

Peter, Maggie, Tony, Elena und ich waren eine Woche zuvor auf die Suche nach Ziegenkäse zu dem abgelegenen Bauernhof der Familie Bischi gefahren, den man uns empfohlen hatte. Vor dem Haus saß eine alte Frau mit ihrem Strickzeug, die neugierig etwas zu Peter herüberrief und dann erzählte, ja, sie hätten etwas Käse, aber es sei nicht die beste Jahreszeit dafür. Sie winkte uns ins Haus, und wir betraten eine Welt, in der das 20. Jahrhundert, von einigen Milchflaschenkästen und dem uralten Kühlhaus mit ein paar Käsen einmal abgesehen, noch keinen Einzug gehalten hatte. Girlanden scharlachroter Tomaten mit Stengeln baumelten neben riesigen Schinken an den Dachsparren. Es roch durchdringend nach Mist. Nachdem wir unseren Käse bezahlt hatten, tauschten wir noch einige freundliche Worte aus, und die Bäuerin lud uns ein, bald wiederzukommen.

Eine Woche später kehrte ein anderer Teil der Gruppe ganz aufgeregt von einem Besuch auf dem Hof zur Villa zurück. Voller Begeisterung erzählten sie, daß sie Signor Bischi bei der Zubereitung von frischem Ricotta zusehen durften. Wir aßen den Frischkäse gleich mittags als ersten Gang noch lauwarm mit Borretschblüten und selbstgepflückter wilder Rauke, und den Rest abends als Teil der bereits beschriebenen Antipasti-Platte.

750 g Auberginen
kaltgepreßtes Olivenöl
6 Knoblauchzehen, in dünne Scheiben geschnitten
einige Thymianzweige, mit Stengeln gehackt
Meersalz
frisch gemahlener schwarzer Pfeffer
50 ml Balsamessig

Die Auberginen längs in 1 cm dicke Scheiben schneiden und diese quer halbieren. Mit etwas Olivenöl bestreichen und auf dem Grill oder in einer Grillpfanne rösten, dabei einmal wenden. Die Stücke in eine Schüssel legen und etwas abkühlen lassen. Mit Knoblauch, Thymian, Salz und Pfeffer bestreuen. Den Balsamessig mit 125 ml kaltgepreßtem Olivenöl verrühren und zwei Drittel davon über die Auberginen geben. Die Stücke darin wenden, so daß sie gleichmäßig überzogen sind, und erkalten lassen. Die kalten Auberginen in sterilisierte Gläser füllen und den Rest der Vinaigrette zugießen. Die Gläser schütteln, um Luftblasen herauszuziehen, und fest verschließen. Die Auberginen können sofort verzehrt werden, bleiben aber auch mehrere Monate lang frisch.

Minestrone

STEPHANIE Minestrone gibt es in unendlich vielen Variationen. Manche Versionen werden mit kurzen Nudeln, andere mit Reis zubereitet. In einigen Gegenden Italiens werden frische Kräuter dazugegeben, in anderen serviert man die Suppe lauwarm. In Südfrankreich gibt es ein sehr ähnliches Gericht, das *soupe au pistou* heißt und mit einem großzügigen Klecks *pistou* gekrönt wird, der nichts anderes ist als der von den Genuesen übernommene Pesto.

Die besten Bohnen für die Minestrone sind frische Borlotti-Bohnen. In Italien werden sie im Spätsommer mit den pinkgeflammten, cremefarbenen Schoten angeboten. Wenn Sie keine frischen Bohnen bekommen, nehmen Sie getrocknete und weichen sie über Nacht ein. Getrocknete Cannellini-Bohnen eignen sich ebenfalls. Wiegen Sie die getrockneten Bohnen nach dem Einweichen, damit das Gewicht etwa der für frische Bohnen angegebenen Menge entspricht.

Italienische Köche geben oft Käserinde oder ein Stück hochwertigen Parmesan in die Suppenschüssel. Ein italienischer Bekannter gibt immer etwas Rinde dazu, wenn er getrocknete Bohnen kocht. Ich selbst verwahre Käserinde mit Olivenöl bedeckt in einem Deckelglas auf. Das Öl verleiht Suppen und anderen Gerichten eine schöne Würze.

Der Rückenspeck kann auch durch Schweinsfüße ersetzt werden. Anstelle von Wirsing nehmen die Toskaner *cavolo nero* (Schwarzkohl). Dieser gibt der Minestrone ihre authentische Farbe und ihr »richtiges« Aroma.

125 ml Olivenöl
20 g Butter
3 Zwiebeln, feingehackt
3 Knoblauchzehen, feingehackt
2 Möhren, gewürfelt
2 Stangen Staudensellerie, in Stücke geschnitten
1 Stück Schweinerückenspeck von 200 g, in 3 Stücke geschnitten, nach Wahl
450 g frisch gepalte Borlotti-Bohnen
Käserinde von einem Stück Parmesan
250 ml Tomatenpüree oder 4 reife Tomaten, geschält, entkernt und feingehackt
1,5 l Brühe (siehe Seite 213) oder Wasser
100 g Wirsing, in feine Streifen geschnitten
3 Zucchini, gewürfelt
250 g grüne Bohnen, gehackt
Meersalz
frisch gemahlener schwarzer Pfeffer
kaltgepreßtes Olivenöl
frisch geriebener Parmesan

Olivenöl und Butter in einem Suppentopf erhitzen, bis die Butter schäumt, dann Zwiebel- und Knoblauchwürfel hineingeben und braten, bis die Zwiebeln weich sind. Möhren, Sellerie und Speck zugeben und auf kleiner Flamme köcheln lassen, dabei gut vermengen. Nach weiteren 5 Minuten die Borlotti-Bohnen, die Käserinde, das Tomatenpüree und die Brühe zugeben. Zugedeckt auf kleiner Flamme 1½ Stunden köcheln lassen.

Den Wirsing, die Zucchini und die grünen Bohnen zugeben und weitere 30 Minuten köcheln lassen, dann abschmecken. Die Käserinde herausnehmen und die Minestrone in Suppentellern servieren. Mit kaltgepreßtem Olivenöl beträufeln und separat dazu geriebenen Parmesan reichen.

ERGIBT 8 PORTIONEN

RIBOLLITA

Der Begriff heißt wörtlich übersetzt »aufgekocht«, und genau darum geht es. Eine *ribollita* ist eine Minestrone, die man mit Brot streckt und wieder aufwärmt. In der Villa di Corsano war dies ein beliebtes Abendessen. Wir probierten auch die *ribollita,* die im Ristorante La Fattoria bei Einsetzen kühleren Wetters anstelle des kalten *insalata di trippa* (siehe Seite 112) auf der Speisekarte stand. Die Suppe war dick und bronzegelb mit schwarzen Sprenkeln vom *cavolo nero.*

LINKE SEITE UND UNTEN Als wir auf dem Bauernhof der Familie Bischi das Nebengebäude betraten und nach oben sahen, entdeckten wir dort die ganze Ausbeute der letzten Saison an den Dachsparren hängend, nämlich glänzende, pralle Zwiebeln, ganze Tomatenbüschel und Schinken, die dreimal so groß waren wie die übliche Handelsware. Bald darauf erfuhren wir, daß sie gar nicht von Schweinen, sondern von den hauseigenen weißen Rindern stammten und deshalb so riesig waren!

SCHOKOLADENKUCHEN

RECHTE SEITE Tonys Blumen- und Früchtearrangements spiegelten die Eleganz der Villa und fingen den Geist der Toskana ein. Manchmal hoben sie Dinge hervor, die wir vom Markt mitgebracht hatten, beispielsweise eine riesige Platte mit leuchtendrosa Grapefruits. Bei einer anderen Gelegenheit durchstreifte Tony die Umgebung der Villa und sammelte Gräser, Wildblumen, Weintrauben und ein paar heruntergefallene Quitten.

Obwohl wir beide herzhafte Gerichte bevorzugen, wurden wir in Italien des öfteren schwach angesichts solcher Leckereien wie Bitterorangenmousse mit Pistazien, *affogato* (Mokka- und Vanilleeis mit frisch gebrühtem Espresso), Reisküchlein und der Puddingteilchen, die wir zum Kaffee aßen.

Als wir diesen Schokoladenkuchen für den Kochkurs backen wollten, konnten wir keine Zartbitterschokolade bekommen, doch jede andere Sorte würde die Torte allzu süß machen.

200 g Zartbitterkuvertüre
200 g Butter
100 g Mehl
300 g Zucker
6 Eier

Den Backofen auf 180 °C vorheizen und eine Springform von 26 cm Durchmesser mit Backpapier auslegen. Die Schokolade und die Butter im Wasserbad schmelzen und glattrühren. Mit dem Elektromixer Mehl, Zucker und Eier dick und hell aufschlagen. Die Schokoladenbutter bei langsamer Geschwindigkeit damit verrühren. In die vorbereitete Form füllen und 35–45 Minuten backen. Der Kuchen ist an der Oberfläche fest und im Innern cremig. Vor dem Anschneiden vollständig auskühlen lassen.

ERGIBT 10–12 PORTIONEN

RICOTTATORTE

RECHTE SEITE Signor Bischi beim Herstellen von Ricotta aus der Molke, die beim Kochen von Vollfettkäse abfällt. Er erhitzte die Molke, bis sich an der Oberfläche weißer Quark absetzte, und schöpfte diesen mit einem Schaumlöffel in ein Sieb, aus der die überschüssige Molke ablief, wie man hier auf dem Foto sieht. Ricotta schmeckt am besten ganz frisch. In der Toskana serviert man dazu oft einfach ein schönes Brot und etwas Salz, manchmal auch Honig.

UNTEN Die Rinder waren in einer mittelalterlichen Scheune untergebracht. Hühner und Katzen wanderten herum, es roch warm und gemütlich.

Die Ricottatorte, die man uns im Ristorante La Fattoria am selben Tag servierte, als wir dort den herrlichen Kuttelsalat aßen (siehe Seite 112), schmeckte uns ausgezeichnet. Es handelte sich um einen schlichten Biskuitboden, der durchgeschnitten und üppig mit einer Mischung aus Ricotta, Joghurt und leicht gesüßter Schlagsahne gefüllt war. Das Ganze war mit Puderzucker bestäubt und mit Walderdbeeren, roten und schwarzen Johannisbeeren und Himbeeren angerichtet worden. Man erklärte uns, daß man gelegentlich auch in verdünntem Weinbrand eingeweichtes Dörrobst in die Ricottaschicht gibt. Die Torte wird in Alufolie eingeschlagen und einige Stunden kalt gestellt, bevor man sie mit Puderzucker bestreut serviert.

250 ml frischer Ricotta
125 ml Joghurt natur
125 ml Sahne
Zucker
1 Biskuittortenboden
Puderzucker

Den Ricotta von Hand oder in der Küchenmaschine glattrühren und mit dem Joghurt vermischen. Die Sahne steif schlagen, nach Belieben süßen und unter den Ricotta heben. Die Masse gleichmäßig dick (gut 3 cm hoch) auf dem halbierten Biskuitboden verteilen. Die obere Hälfte darauf setzen und mit Puderzucker bestreuen. Dazu Beeren servieren.

In manch einer *enoteca* probierten wir toskanische Spitzenweine, redeten mit Winzern, die sich die besten Elemente alter

und neuer Techniken zunutze machten, und lagerten unseren eigenen Wein in den etruskischen Kellergewölben der Villa. Vor allem aber genossen wir den Wein, wie es die Toskaner selbst tun, nämlich zu einem guten Essen.

Der Weinberg

ZIEGENKÄSE IN GRAPPA

RECHTE SEITE Paolo de Marchi von Isole e Olena mit Trauben, die für den Dessertwein Vin Santo lagern

FOLGENDE DOPPELSEITE Blick von der Villa di Corsano auf die Weinberge

UNTEN Wir probierten viele gute toskanische Weine, darunter auch den Cepparello von Isole e Olena links im Bild. Er wird ausschließlich aus Sangiovese-Trauben gekeltert und gilt als toskanisches Spitzenprodukt, ohne jedoch Anspruch auf die Denominazione di Origine Controllata (DOC) zu haben, die bestimmten Weinen wie etwa Chianti Classico zuerkannt wird.

STEPHANIE Paolo de Marchi, der Winzer von Isole e Olena, der mit jedem unserer Kochkurse eine Weinprobe mit Chianti Classico durchführte, bestätigte uns, daß fast alle italienischen Winzer ihren eigenen Grappa brennen. Dieser kräftige Schnaps ist ein Tresterbrand - er wird aus dem gebrannt, was beim Keltern der Trauben übrigbleibt. Nach einem Brunch, zu dem wir auch alle ortsansässigen Helfer einluden, nahmen die Herren unter unseren italienischen Bekannten reichlich Grappa als Digestif zu sich. Sie unterschieden zwischen Grappa mit feinem, mildem Aroma und einem – von ihnen bevorzugten – sehr kräftigen, fast scharfen »Selbstgebrannten«. Sie begannen eine regelrechte Grappa-Probe, während ich mich damit begnügte, an den Gläsern zu schnuppern.

MAGGIE Die Weine für unsere Kochkurse besorgten wir mit Hilfe von Peter James von der in Adelaide ansässigen Firma Negociants. Dabei kauften wir auch einen Karton Grappa, den wir für einen notwendigen Teil unseres Italien-Abenteuers hielten. Doch nachdem alle drei Kurse abgeschlossen waren, hatte nicht eine der Flaschen merklich an Inhalt verloren. Offenbar muß man mit Grappa groß werden, um ihn zu mögen. Unsere italienischen Gäste waren jedenfalls von den konsumierten Grappa-Mengen weniger angeschlagen als wir übrigen vom Champagner!

Zu dem cremigen Ziegenfrischkäse, der für dieses Gericht verwendet wird, paßt die Schärfe des Grappa allerdings hervorragend. Man kann ihn zwar durch Weinbrand ersetzen, doch dann fehlt dem Ganzen die besondere Note.

1 große Knoblauchzehe, in feine Scheiben geschnitten
2 EL Grappa
80 ml kaltgepreßtes Olivenöl
einige Zweige glattblättrige Petersilie, grobgehackt
frisch gemahlener schwarzer Pfeffer
360 g Ziegenfrischkäse

Aus Knoblauch, Grappa, Olivenöl, Petersilie und reichlich Pfeffer eine Marinade anrühren. Etwas davon in eine Glas- oder Porzellanschüssel gießen, den Ziegenfrischkäse dazugeben und mit der restlichen Marinade übergießen. Die Schüssel mit Klarsichtfolie abdecken und 24 Stunden im Kühlschrank durchziehen lassen, dabei ein- oder zweimal wenden.

Zum Servieren den Käse aus der Marinade nehmen und auf Raumtemperatur erwärmen. Rauke mit kaltgepreßtem Olivenöl und gutem Balsamessig oder gelagertem Rotweinessig anmachen. Mit Olivenöl beträufelte, geröstete Brotscheiben sind dazu übrigens ein Muß!

STRAHLENDER SOMMER

DIE LESE DÜRFTE EINEN

UND LEICHTER REGEN:

GUTEN JAHRGANG ERGEBEN

MARINIERTE MIESMUSCHELN

OBEN Paolo de Marchi im Faßkeller von Isole e Olena. Er bezauberte uns allesamt nicht nur mit seinen klugen Erläuterungen alter und neuer Traditionen der Weinherstellung im Chianti und seiner Beurteilung der künftigen Ausrichtung dieser Region, sondern auch durch seine ungemein freundliche Ausstrahlung.

RECHTE SEITE Großaufnahme von Vin-Santo-Trauben, die mehrere Monate lang auf Matten trocknen (siehe Seite 178)

An dem Tag, als Paolo de Marchi uns besuchte, machten wir eine wundervolle Antipasti-Platte aus gebratenen Zucchiniblüten mit einer Füllung aus ganz frischem Mozzarella mit gehackten Anchovis (siehe Seite 143), marinierten Muscheln und den winzigen *gamberetti*. Von diesen nur wenige Zentimeter langen Garnelen kochten wir ein paar eine Minute lang ab und vermengten sie mit zerdrückten Fenchelsamen, Knoblauch und Petersilie. Man ißt sie mit Schale.

Miesmuscheln, abgebürstet und geputzt
Zwiebel, feingehackt
Petersilienzweige
Weißwein
kaltgepreßtes Olivenöl
Apfelessig
Schalotten, sehr fein gehackt
reichlich glattblättrige Petersilie, grobgehackt

Die abgebürsteten, noch geschlossenen Muscheln in maximal 2 Lagen in einen großen Topf schichten (beispielsweise einen Wok). Mit etwas gehackter Zwiebel und den Petersilienzweigen bestreuen und etwa 1 cm hoch Weißwein zugießen. Den Deckel auflegen und die Herdplatte auf höchste Stufe stellen. Nach 4–5 Minuten entweicht Dampf aus dem Topf, und wenn Sie nun den Deckel anheben, sehen Sie, daß die Muscheln sich geöffnet haben. Mit einer Grillzange die geöffneten Muscheln auf einen Teller legen, die ungeöffneten noch 1 oder 2 Minuten in den Topf zurückgeben. Nur geöffnete Muscheln verwenden, alle übrigen wegwerfen. So viel Kochflüssigkeit durch ein Sieb über die Muscheln gießen, daß sie feucht bleiben, und etwas abkühlen lassen, bevor Sie das Dressing dazugeben.

4 Teile Olivenöl mit 1 Teil Essig mischen und die restlichen Zutaten dazugeben. Nehmen Sie so viel Petersilie, daß die Marinade dicklich wird. Die Muscheln vor dem Servieren 30 Minuten in diesem Dressing ziehen lassen.

TINTENFISCHSALAT

RECHTE SEITE Peter beim Verkosten eines 1993er Brunello di Montalcino. Das mittelalterliche Städtchen Montalcino ist berühmt für seinen großen, trockenen Rotwein. Er wird aus einem Ableger der Sangiovese-Traube gekeltert, der besonders gut an das Klima dieser Region angepaßt ist. Nach dem Gesetz muß Brunello di Montalcino mindestens drei Jahre im Faß gereift sein und darf erst nach einer Lagerzeit von insgesamt drei Jahren in den Handel kommen.

UNTEN Paolo e Marchi sorgte im Faßkeller von Isole e Olena für Information und Unterhaltung.

MAGGIE Als ich eines Tages ein Fischgeschäft in Siena betrat, war gerade der Lieferwagen eingetroffen. Ich hatte gehofft, Kalmare zu bekommen, doch statt dessen bot man mir Tintenfische an. Hocherfreut, da das dicke Fleisch dieser Kopffüßler viel zarter ist, kehrte ich mit meinem »Fang« zur Villa zurück.

50 g Korinthen
2 EL Rotweinessig
6 Tintenfische (Sepia), ausgenommen
2 EL kaltgepreßtes Olivenöl
1 rote Zwiebel, in dünne Ringe geschnitten
250 ml trockener Weißwein
3 Tomaten, abgezogen, entkernt und gehackt
1 Handvoll schwarze Oliven
einige Zweige glattblättrige Petersilie, gehackt
2 EL geröstete Pinienkerne

Den Backofen auf 180 °C vorheizen. Die Korinthen 30 Minuten im Rotweinessig einweichen, dann abschütten. In der Zwischenzeit die Fangarme von den Tintenfischen abschneiden und beiseite stellen. Die Körper der Tintenfische in etwa 5 cm x 5 cm große Stücke schneiden und in eine feuerfeste Form legen. Olivenöl, Zwiebeln, Weißwein und Tomaten dazugeben und zugedeckt etwa 1 Stunde im Backofen garen. Läßt sich eine Messerspitze leicht in das Fleisch stechen, so ist es gar. Ist dies nicht der Fall, die Garzeit um 15 Minuten erhöhen. Die Fangarme und Oliven zugeben und weitere 15 Minuten garen, dann Petersilie, Pinienkerne und Korinthen unterheben und mit Pfeffer würzen. Auf Raumtemperatur abgekühlt als Teil einer Antipasti-Platte servieren.

GEBACKENE ROTE BETEN

Bei einer Mahlzeit servierten wir vor dem *rotolo di spinaci* (siehe Seite 174) eine vegetarische Vorspeisenplatte. Dazu gehörten Babyzucchini, die 5 Minuten blanchiert, geviertelt, mit kaltgepreßtem Olivenöl beträufelt und mit Salz, Pfeffer und frisch gehackter Petersilie bestreut wurden. Außerdem gab es grüne Bohnen, gedünstete Artischocken (siehe Seite 72) und karamelisierte Zwiebeln (siehe Seite 194) zu einem Salat vermengt. Zucchiniblüten wurden kurz in Butter und Olivenöl angebraten und längs halbiert. Frisch gegrillte Auberginen und rote Paprikaschoten sowie unsere selbsteingelegten Pilze (siehe Seite 210) rundeten unser Gemüsefestival ab.

Als wir diese Mahlzeit noch zu Hause in Australien zusammenstellten, hatten wir geplant, dazu auch gebackene rote Beten zu reichen. Zu unserer Überraschung bekamen wir rote Beten nirgendwo roh zu kaufen. Selbst auf dem Mercato San Lorenzo in Florenz wurden sie nur vorgekocht angeboten. Das erschien uns vor allem deshalb seltsam, weil die ganz jungen Blattrosetten der roten Rüben überall zu haben waren. Man brät sie in Olivenöl an und serviert sie als Nudelsauce, manchmal mit Brotkrumen bestreut.

junge rote Beten, die Blattstiele auf 2 cm gekürzt
kaltgepreßtes Olivenöl
1 EL Wasser
Thymianzweige
Rotwein- oder Balsamessig
Senf
frisch gemahlener schwarzer Pfeffer

Den Backofen auf 220 °C vorheizen. Die roten Beten in einer Lage in eine Backform aus Edelstahl oder Email legen und mit Olivenöl beträufeln. Das Wasser zugeben und ein oder zwei Thymianzweige dazwischenstecken. Mit Alufolie abgedeckt 40–60 Minuten backen. Die roten Beten sind gar, wenn man sie leicht mit einem Spießchen anstechen kann. Sie können mit oder ohne Haut serviert werden.

WARMER SALAT VON ROTEN BETEN

Sollen die roten Beten warm als Salat serviert werden, vermengt man die gebackenen und gewürfelten Rüben mit gerösteten Knoblauchzehen und Anchovis (10 Minuten in Milch einweichen) und macht das Ganze mit einer Vinaigrette aus Rotweinessig, Orangensaft und kaltgepreßtem Olivenöl an. Eine interessante Geschmacksvariante besteht darin, rosa Grapefruit oder Orangen in Spalten zu schneiden und mit den gebratenen Blättern der roten Beten und gerösteten Walnüssen zu den jungen ganzen Rüben zu geben.

PÜRIERTE WEISSE BOHNEN

Sehr typisch für die toskanische Küche ist die Verwendung von alltäglichen, schlichten Zutaten wie Trauben, Rotwein, Tomaten, Olivenöl, Brot und natürlich Bohnen. Selbst Fasan und Wildschwein fallen in diese Gruppe, so ausgefallen sie uns auch erscheinen mögen.

Wir probierten aus Bohnen zubereitete Suppen, Schmortöpfe, Salate und Pürees wie dieses bei verschiedenen Gelegenheiten. Die Bohnen werden mehr oder weniger fein püriert, je nachdem, ob sie als Suppe, heiß oder kalt mit einem Schuß Olivenöl zubereitet werden sollen oder wie hier als dickliche Paste, die vor dem Grillen auf Brotscheiben gestrichen wird.

175 g getrocknete Cannellini-Bohnen, über Nacht eingeweicht
750 ml kaltes Wasser
1 EL Tomatenmark
Salz
1 TL frisch gehackter Knoblauch
1 TL feingehackter frischer Rosmarin
kaltgepreßtes Olivenöl
180 ml heiße Brühe (siehe Seite 213)
Saft von ½ Zitrone
frisch gemahlener schwarzer Pfeffer
Brotscheiben

Die eingeweichten Bohnen abspülen und mit dem Wasser in einen großen Topf füllen. Das Tomatenmark und 1 kleine Prise Salz zugeben. Aufkochen lassen, dann die Temperatur herunterschalten und ohne Deckel 2 Stunden köcheln lassen. Die Bohnen sollten die ersten 1½ Stunden noch mit Wasser bedeckt sein. Wenn sie weich sind, sollte das Wasser fast ganz verkocht sein. In der Küchenmaschine pürieren.

Knoblauch und Rosmarin in etwas Olivenöl anrösten. Das Bohnenpüree zugeben und gründlich verrühren. Die heiße Brühe zugießen und unter Rühren bei mäßiger Hitze einkochen lassen. Das Püree sollte jetzt glatt, dick und glänzend sein. Mit etwas Öl, Zitronensaft, Salz und Pfeffer abschmecken. Das Püree auf getoastete feste Brotscheiben streichen und im Backofen 10 Minuten backen oder unter dem Backofengrill goldgelb rösten.

Wenn man nicht das ganze Püree auf einmal verbraucht, kann man es in einem geschlossenen Behälter mehrere Tage im Kühlschrank aufbewahren.

ROTOLO DI SPINACI

RECHTE SEITE *Rotolo di spinaci*, diesmal mit brauner Butter, knusprig ausgebackenen Salbeiblättern und frisch gehobeltem Parmesan

MAGGIE Die Spinatrolle wurde zum Leibgericht nicht nur unserer Kursteilnehmer, sondern auch der Freunde und Verwandten, die nach den Kochkursen zum Urlaubmachen zu uns stießen.

Der Nudelteig wird zunächst mit der Küchenmaschine hergestellt, anders als bei den auf Seite 211 beschriebenen Eiernudeln, die von Hand gemacht werden, damit sie schön seidig glänzen. (Mit übriggebliebenem Teig lassen sich mißglückte Teigplatten reparieren. Was dann noch übrig ist, kann eingefroren oder zu Ravioli verarbeitet werden.) Wir waren recht zufrieden mit uns, als wir alle Eigelb, die von unseren *panne cotte* übrig waren, aufbrauchen konnten. Für 500 g Mehl verwendeten wir 12 Eigelb und 1½ Eiweiß. Dieser Nudelteig war sehr üppig und natürlich goldgelb!

Als wir dieses Gericht zum ersten Mal während der Kochkurse zubereiteten, stellten wir fest, daß wir am Tag zuvor auf dem Markt vergessen hatten, Zuchtchampignons zu kaufen. Es half alles nichts, wir mußten den *rotolo* also mit frischen Steinpilzen zubereiten, die eigentlich in Weinblätter gewickelt und gegrillt werden sollten. So wurde unsere Spinatrolle mit einem Schlag von einem rustikalen Gericht zu einem Nudeltraum befördert.

Getrocknete Steinpilze weiche ich wie unten beschrieben ein und gare sie. Die frischen *porcini* dagegen wurden mit Butter und ein wenig Knoblauch in der Pfanne gebraten. Anschließend wurde der Bratensatz mit einem Teil der Einweichflüssigkeit der getrockneten Steinpilze losgekocht und zu Sirup eingedickt. (Die restliche Einweichflüssigkeit verwahrten wir für den *sformato*, der am letzten Abend des Kurses auf dem Speisezettel stand – siehe Seite 196). Das Aroma war sagenhaft.

Bei einer anderen Gelegenheit stellten wir fest, daß die Nudelplatten an der Nahtstelle nach der üblichen Kochzeit nicht gar geworden waren. Unter Elenas Anleitung packten wir die Päckchen aus und garten sie in einem Topf mit reichlich zerlassener Butter zu Ende. Eine Sauciere mit Nußbutter und ein Teller mit knusprig ausgebackenen Salbeiblättern standen als Begleiter für die Rolle bereit, und unter allgemeinem Beifall schnitt ich sie erst bei Tisch auf.

Das Rezept für dieses eigentlich traditionelle Gericht stammt aus dem Buch *Rezepte aus dem River Café* von Rose Gray und Ruth Rogers.

OBEN So werden die Nudelteigplatten durch die Nudelmaschine gerollt.

UNTEN Spinat und Pilze werden auf die fertigen Nudelplatten gegeben.

NUDELTEIG

500 g Weizenvollkornmehl Type 550
1 TL Meersalz
4 große Eier (Gew.-Kl. M)
6 große Eigelb
Grießmehl

FÜLLUNG

Agresto
40 g getrocknete Steinpilze
20 g Butter
1 rote Zwiebel, feingehackt
1 EL frischer Oregano
800 g frischer Spinat, gewaschen, blanchiert und gehackt
Schale von 1 Zitrone
Meersalz
frisch gemahlener schwarzer Pfeffer
1½ EL Olivenöl
2 Knoblauchzehen, gehackt
250 g Wiesenchampignons, grobblättrig geschnitten
350 g Ricotta
65 g Parmesan, frisch gerieben
frisch geriebene Muskatnuß

Für den Teig das Mehl in der Küchenmaschine mit Salz vermengen und die Eier und Eigelbe zugeben. Mit kurzen Umdrehungen verkneten, bis der Teig sich zu einer lockeren Kugel formt. Den Nudelteig auf der mit Grießmehl bestäubten Arbeitsfläche rund 3 Minuten lang glattkneten.

Den Teig vierteln (falls Sie ihn von Hand ausrollen wollen, wie in der Anmerkung am Schluß dieses Rezepts angegeben, halbieren Sie ihn) und jeden Teil kurz zu einer Kugel verkneten. Die Teigkugeln einzeln in Klarsichtfolie wickeln und mindestens 20 Minuten, höchstens 2 Stunden kalt stellen.

In der Zwischenzeit die Füllung zubereiten. In einem Topf etwas Agresto erwärmen und darin die getrockneten Steinpilze 15–20 Minuten lang einweichen. Die Butter in einer Pfanne zerlassen und die Zwiebel darin glasig dünsten und dann Oregano, Spinat und Zitronenschale zugeben. Gründlich vermengen, mit Salz und Pfeffer würzen und abkühlen lassen.

Die Steinpilze abschütten, die Einweichflüssigkeit aber auffangen. Die Steinpilze waschen. Das Olivenöl in einer Pfanne erhitzen und darin den Knoblauch einige Minuten auf kleiner Flamme andünsten. Die Wiesenchampignons zugeben und unter Rühren 5 Minuten auf großer Flamme braten. Die Steinpilze zugeben und 20 Minuten leicht dünsten, dabei gelegentlich mit ein wenig von der durchgesiebten Einweichflüssigkeit anfeuchten. Die gesamte Flüssigkeit aufbrauchen. Möglicherweise müssen Sie die überschüssige Feuchtigkeit auf großer Flamme etwas verdampfen lassen. Würzen und abkühlen lassen. Nach dem Erkalten grob hacken.

Den Ricotta in einer Schüssel mit einer Gabel zerdrücken, dann den Spinat, Parmesan und reichlich Muskat zugeben. Nach Wunsch salzen und pfeffern, dann beiseite stellen.

Mit der Nudelmaschine jeweils ein Stück Teig acht- bis zehnmal durch die weiteste Walzeneinstellung drehen, bis der Teig seidig glänzt. Dazwischen jedesmal die Enden übereinander nach innen einschlagen und den Teig etwas nach rechts drehen, dann wieder durchziehen. Anschließend den Teig durch die übrigen Walzeneinstellungen rollen, bis die vorletzte oder feinste erreicht ist. Wenn die Platte ein paar Löcher oder Verdickungen aufweist, macht das nichts, denn die sind mühelos auszugleichen. Sie müßten nun eine Teigplatte von 30 cm x 10 cm vor sich haben. Mit den übrigen drei Vierteln Teig genauso verfahren. 2 Teigplatten an den Längsseiten zusammenlegen und die Ansatzstellen mit Wasser versiegeln. Sie haben jetzt eine Platte von 30 cm x 20 cm. Mit den anderen beiden Teigplatten genauso verfahren. Die Kanten gerade zuschneiden.

Die beiden Nudelplatten auf ein sauberes großes Geschirrtuch legen, das möglichst feingewebt sein soll, da jedes Muster sich auf dem Nudelteig abdrücken würde. Den Teig so drehen, daß eine Längsseite zu Ihnen zeigt. Die Pilzmischung im Abstand von rund 3 cm von dem zu Ihnen zeigenden Rand als Streifen auf die Teigplatte häufen. Die übrige Platte mit einer rund 5 mm dicken Schicht der Spinat-Ricotta-Mischung bedecken. Von der Seite mit den Pilzen her die Teigplatte mit Hilfe des Geschirrtuchs von Ihnen weg vorsichtig zu einer Rolle von 6 cm Durchmesser und 30 cm Länge aufwickeln (siehe Fotos rechts). Die Rolle möglichst fest in ein Tuch wickeln, die Enden einschlagen, damit nichts austreten kann, und das »Päckchen« mit Küchengarn festbinden, damit es zusammenbleibt und beim Garen kein Wasser hineindringt (siehe Foto). Mit der zweiten Teigplatte und der restlichen Füllung genauso verfahren.

Einen Fischkochtopf oder ein großes, tiefes Backblech mit kochendem Salzwasser füllen. Eine eingewickelte Rolle vorsichtig hineingleiten lassen und darauf achten, daß sie vollständig mit Wasser bedeckt ist. Zugedeckt 18–20 Minuten köcheln lassen. Die Rolle herausnehmen und ruhen lassen, während Sie die zweite Rolle kochen. Die *rotoli* auspacken, auf ein Brett legen und in 3 cm dicke Scheiben schneiden. Pro Person zwei Scheiben servieren und separat dazu geriebenen Parmesan reichen.

ERGIBT 8–10 PORTIONEN

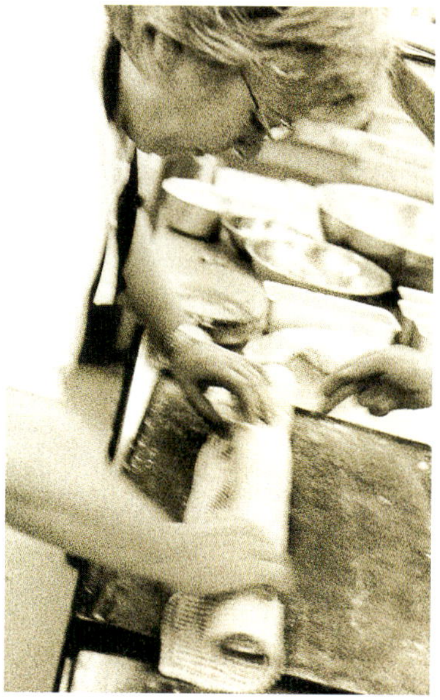

OBEN Der belegte Nudelteig wird mit Hilfe eines Geschirrtuchs aufgerollt.

UNTEN Die sorgfältig verpackten Rollen werden auf einem Backblech gegart (auf unseren großen Blechen hatten mehrere Rollen Platz).

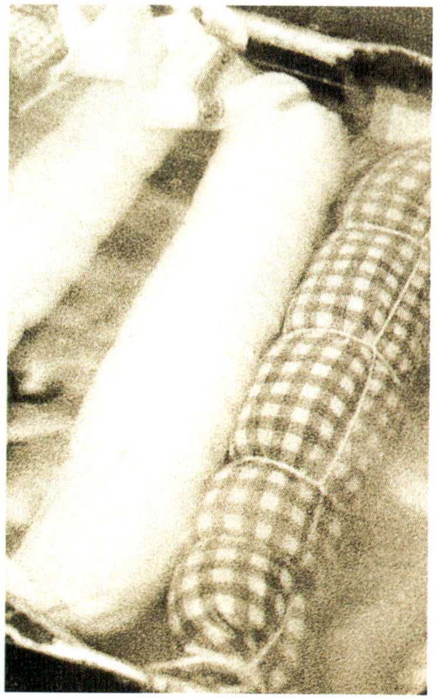

Nudeln von Hand ausrollen

Man kann den Nudelteig auch von Hand ausrollen, aber das ist recht mühsam. Man teilt dazu den Teig in 2 statt in 4 Teile und läßt ihn ruhen. Die Arbeitsfläche mit Grießmehl bestäuben und den Teig so dünn wie möglich ausrollen. Der Arbeitsbereich muß relativ kühl sein, damit der Teig nicht austrocknet.

SCHOKOLADE MIT MANDELN

RECHTE SEITE Der Eingang zu Paolo de Marchis Weinberg und Winzerhof, Isole e Olena, in Chianti. Der Weinberg lag gegenüber dem Tor auf dem Hügel und war von einem dichten Wald umgeben. Als wir das sahen, erschienen uns die Geschichten, die uns Paolo über Wildschweine erzählt hatte, die nachts aus dem Wald kommen, um Trauben zu fressen, durchaus glaubhaft. Marta de Marchi glaubt, daß der Geschmack der *cinghiali* viel milder ist, seit die Tiere die wohlgehegten Chianti-Trauben ihrer gewohnten Kost vorziehen.

STEPHANIE Bei mehreren Gelegenheiten genossen wir diese Leckerei zusammen mit unseren hausgemachten kandierten rosa Grapefruitschalen (siehe Seite 69) und Maggies Quittenpaste. Vin Santo, der toskanische Dessertwein, paßte ausgezeichnet dazu. Die Herstellung von Vin Santo ist eine mühevolle Arbeit. Die Trauben werden nach der Lese monatelang getrocknet und ergeben beim Pressen zum Schluß nur noch sehr wenig, dafür aber überaus aromatischen Saft. Nun erst wird der Wein vom Vorjahr aus den Fässern in Flaschen abgezogen und der neue Most in die Fässer gefüllt, die noch Hefe vom letzten Jahrgang enthalten. Er bleibt vier Jahre lang im Faß. Bei vielen weniger guten Weinen wird reiner Alkohol zugesetzt. Diese Weine werden als *vino liquoroso* bezeichnet, der echte Vin Santo dagegen als *vino da tavola.* Die weniger guten Weine schmecken eher grob als mild und sind oft trüb, während der schöne Vin Santo, den wir genossen, ein klares Goldgelb aufwies.

Zartbitterkuvertüre
blanchierte Mandeln
Süßmandelöl oder Olivenöl

Den Backofen auf 180 °C vorheizen. Ein Backblech mit Backpapier auslegen. Einen Topf mit Wasser zum Kochen bringen, dann die Temperatur ganz niedrig stellen. Die Kuvertüre in Stücke brechen und in eine Schüssel legen, die in den Topf mit Wasser gehängt werden kann. Fest mit einem Deckel oder Alufolie verschließen, so daß weder Wasser noch Dampf die Schokolade verderben können (schon ein Tropfen Feuchtigkeit läßt die Kuvertüre gerinnen). Die Kuvertüre langsam schmelzen lassen.

Währenddessen die Mandeln 5–10 Minuten im Ofen goldgelb rösten und sehr grob hacken. Die Schüssel mit der Kuvertüre aus dem Topf nehmen und den Deckel abnehmen. Die Mandeln in die geschmolzene Schokolade geben und kurz unterheben.

Das Backblech mit etwas Mandelöl oder Olivenöl einpinseln. Die Schokoladen-Mandel-Mischung darauf verstreichen, dabei das Blech kippen, damit die Masse gleichmäßig dünn verläuft. Erstarren lassen. In unregelmäßig geformte Stücke zerbrechen und kühl lagern.

PANZANELLA

STEPHANIE Ich bestellte *panzanella* im Ristorante La Taverna in Siena, um zu sehen, wie ein echter Toskaner sie zusammenstellt. Ich freute mich, als ich feststellte, daß meine Version abgesehen von dem etwas stärker zerkrümelten Brot in Ordnung war. Das Restaurant war überhaupt hervorragend. Besonders gut schmeckten uns dort die frischen Anchovis, die in kaltgepreßtem Olivenöl mariniert und mit gehobelten weißen Trüffeln angerichtet wurden, und eine Torte aus Kichererbsen und frischen Artischocken. Der Restaurantbesitzer erklärte uns seine Philosophie, was die verwendeten Lebensmittel anging. Er meinte, man müsse die Zutaten für sich sprechen lassen, die regionalen Traditionen respektieren und dennoch der persönlichen Interpretation genügend Spielraum gewähren.

Panzanella ist ein traditionelles toskanisches Gericht, das mühelos erweitert werden kann und vor allem von der Qualität von Brot, Öl und reifen Gemüsen abhängt. Elizabeth Romer erzählt in ihrem Buch *The Tuscan Year*, bevor die Tomaten reif seien, bestehe eine *panzanella* in manchen Teilen der Toskana einfach nur aus Brot, Olivenöl, Zwiebeln und vielleicht frischem Knoblauch.

LINKE SEITE Ausschnitt aus den Fresken im Salon der Villa di Corsano

2 dicke Scheiben grobes Brot, mindestens vom Vortag
kaltes Wasser
6 reife Tomaten, in Würfel geschnitten
1 kleine rote Zwiebel, feingewürfelt oder in hauchdünne Ringe geschnitten
½ Gurke, gewürfelt
1 Stange Staudensellerie, in feine Scheiben geschnitten
2 Knoblauchzehen, zerdrückt
½ Bund Basilikum, in kleine Stücke zerpflückt
80 ml kaltgepreßtes Olivenöl
2 EL Rotweinessig
Salz
frisch gemahlener schwarzer Pfeffer

Die Rinde entfernen, das Brot in kleine Stücke reißen oder schneiden, in eine Schüssel legen und mit kaltem Wasser beträufeln. Das Brot sollte feucht, aber nicht durchnäßt sein. Gemüse, Knoblauch und Basilikum zugeben. Mit Olivenöl und Essig anmachen, gründlich vermengen und mit Salz und Pfeffer abschmecken. Vor dem Servieren 30 Minuten durchziehen lassen.

ERGIBT 4 PORTIONEN

Ravioli mit Auberginenfüllung

STEPHANIE Bei vielen Gelegenheiten bekam ich in italienischen Restaurants ausgezeichnete Ravioli serviert. Im Ristorante Nello La Taverna in Siena erhielt ich köstliche Auberginen-Ravioli, die denen in diesem Rezept sehr ähnelten, allerdings mit einer Sauce aus geschmolzenen Zucchiniblüten angerichtet wurden. In der Taverna e Fattoria dei Barbi del Casato, einem Gutshof mit angeschlossenem Restaurant ein paar Kilometer von dem Winzerstädtchen Montalcino entfernt, bekam ich die leckersten Ravioli vorgesetzt, die ich je gegessen habe. Die eigentlich ganz schlichten, mit Spinat und Ricotta gefüllten Ravioli waren einfach ein Gedicht. Die Ravioli waren relativ groß, man bekam pro Portion 4 Stück davon. Der Nudelteig war kräftig und doch zart, leuchtend gelb und so aromatisch, wie er nur durch echte Landeier werden kann. Der Ricotta war so leicht wie Schlagsahne, cremig und fest zugleich, ohne jede Spur von Molke oder Körnigkeit. Es waren einfach plusterige Kissen mit köstlicher Füllung in brauner Butter und Salbei!

Ricotta wird in zwei Versionen angeboten. Als tropfnasser, noch warmer Frischkäse, wie wir ihn bei den Bischis bekamen (siehe Seite 161), schmeckt er am besten, muß aber vor der Weiterverarbeitung über Nacht in einem mit Musselin ausgelegten Durchschlag abtropfen. Bei der festeren Handelsware, die man in den meisten Supermärkten bekommt, ist das nicht nötig.

Während unseres Italienaufenthaltes war die Auberginensaison gerade auf ihrem Höhepunkt, und die glänzenden rundlichen Früchte, die wir verarbeiteten, waren klein bis mittelgroß. Sie brauchten nicht eingesalzen zu werden, während dies bei größeren Exemplaren mit dickeren Kernen erforderlich ist, um die Bitterstoffe herauszuziehen.

Der Nudelteig für die Ravioli muß fein und geschmeidig sein. Der für den *rotolo di spinaci* (siehe Seite 174) hergestellte Teig eignet sich perfekt. Das Rezept reicht für vier sehr große Ravioli, wobei einer pro Person gerechnet wird.

OBEN Diese alte Korbflasche hängt bei der Familie Bischi im Flur ihres Bauernhauses.

UNTEN Alte Nudelhölzer für Ravioli und Spaghetti, die wir in Florenz kauften

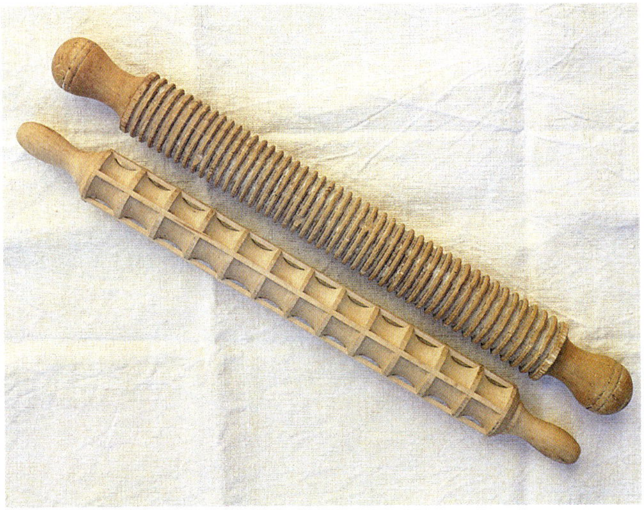

350 g Auberginen
Olivenöl
2 EL kleine Kapern, abgespült und abgetropft
1½ Knoblauchzehen, feingehackt
½ Bund Basilikum, gehackt
Saft von 1 Zitrone
Meersalz
frisch gemahlener schwarzer Pfeffer
100 g Ziegenfrischkäse oder 200 g Ricotta, über Nacht abgetropft
1 Rezept Nudelteig (siehe Seite 176)
kaltgepreßtes Olivenöl bester Qualität
frisch geriebener Parmesan

Die Auberginen in Scheiben schneiden, große Exemplare einsalzen und 30 Minuten Saft ziehen lassen. Die Auberginen abwaschen und mit Küchenpapier trockentupfen, dann schälen und in feine Würfel schneiden. Eine Pfanne etwa 2,5 cm hoch mit Olivenöl füllen und die Auberginenwürfel darin goldgelb fritieren, dabei regelmäßig wenden. Mit einem Schaumlöffel aus dem Öl heben und auf Küchenpapier abtropfen lassen, dann in eine Schüssel geben.

In einer zweiten Pfanne die Kapern in etwas Olivenöl anbraten und zu den Auberginen geben. Den Knoblauch in demselben Öl anbraten, bis er glasig, aber nicht gelb ist, und ebenfalls in die Schüssel geben. Das Basilikum mit dem Zitronensaft dazugeben und mit Salz und Pfeffer würzen. Vorsichtig den Ziegenfrischkäse bzw. Ricotta unterheben und nachwürzen. Die Mischung etwas durchziehen lassen.

Den Nudelteig nach Rezept herstellen, die Menge halbieren und ruhen lassen. Mit einer Nudelmaschine jedes Teigstück durch die verschiedenen Walzen drehen, bis die feinste Einstellung erreicht ist. Die Kanten der Teigplatten geradeschneiden und darauf achten, daß beide gleich lang sind. Die Platten auf eine bemehlte Arbeitsfläche legen und 4 Löffel Füllung jeweils im Abstand von 8 cm auf eine der Platten geben und etwas flachdrücken. Die Nudelplatte rings um die Füllung mit einem Backpinsel und Wasser anfeuchten. Vorsichtig die zweite Teigplatte auf die erste legen und rings um die von der Füllung gebildeten Hügelchen fest aufeinanderdrücken. Zu vier großen Ravioli zerschneiden.

In einem flachen Topf Wasser zum Kochen bringen, Salz zugeben und die Temperatur herunterschalten. Jeweils 2 der Ravioli hineingleiten lassen. Sie steigen rasch zur Oberfläche auf und benötigen nur rund 2 Minuten Garzeit. Die Ravioli gründlich abtropfen lassen und mit kaltgepreßtem Olivenöl beträufeln (möglichst ein grünes toskanisches Öl wählen), mit Parmesan bestreuen und sofort servieren. Diese Ravioli schmecken auch ausgezeichnet mit Nußbutter und knusprig ausgebackenem Salbei.

Ergibt 4 Portionen

Gegrillte Lammkeule mit Rosmarin und Knoblauch

MAGGIE Die Lammkeulen, die wir auf dem Florentiner Markt und beim Metzger im Ort bekamen, waren relativ klein. Tony grillte sie mit Knochen über den Kohlen unseres heißgeliebten Küchengrills. Das Fleisch war außen geschwärzt, innen aber rosa und saftig. Im letzten Moment fiel uns ein, daß wir etwas von meiner Quittenpaste schmelzen und das Fleisch damit bestreichen könnten, was sich als delikate Idee erwies.

Zum Lamm grillten wir Wildschweinwürstchen, Kalbsleber (siehe Seite 104) und Polenta mit Gorgonzola (siehe Seite 106) – durchweg Leckerbissen, die durch das Grillfeuer ihren Reiz bekamen. Die Grilltage waren für mich immer das Schönste.

Olivenöl
Saft von 1 Zitrone
Salz
frisch gemahlener schwarzer Pfeffer
3 Rosmarinzweige
4 Knoblauchzehen
1 kleine Lammkeule mit Knochen
50 g Quittenpaste, geschmolzen

In einer Schüssel einen Schuß Olivenöl mit Zitronensaft, Salz, Pfeffer und Rosmarin verrühren. Den Knoblauch in Stifte schneiden. Das Fleisch mit einem kleinen, scharfen Messer mehrfach einstechen und mit Knoblauchstiften spicken. Die Keule in eine feuerfeste Form legen, mit der Olivenölmarinade begießen und 1 Stunde durchziehen lassen, dabei mehrmals wenden.

Ein Holzfeuer entzünden. Den Grill erhitzen und das Lamm mindestens 6 cm über dem Feuer grillen, dabei regelmäßig umdrehen und jedesmal mit der geschmolzenen Quittenpaste bestreichen. Die Garzeit hängt von der Größe der Keule ab. Gehen Sie von etwa 30 Minuten aus und lassen Sie die Keule dann bis zum Aufschneiden zugedeckt ruhen. Das Fleisch hält die Hitze, also lassen Sie es mindestens 15 Minuten durchziehen, möglichst noch länger.

ERGIBT 6 PORTIONEN

Schmorgemüse aus Möhren, Zwiebeln, Kartoffeln und Fenchel

STEPHANIE Dieses Gericht ähnelt der anderen Variante, die bei unserem Rezept für gedünstete Artischocken (siehe Seite 72) angegeben ist. Das Verfahren, Gemüse ohne viel Flüssigkeit zu garen, ist immer wieder lohnend.

Wir überlegten auch, ob wir die auf dem Markt angebotenen Karden oder Babyartischocken hinzufügen sollten. Karden sind Verwandte der Artischocken und sehen wie riesige Disteln aus. Man ißt jedoch nicht die Blüten, sondern die Blattstengel. Sie werden meist mit Knoblauch und Zwiebeln in Olivenöl gedünstet oder gehackt in Schmortöpfe, Gemüsesuppen oder cremige Gratins gegeben. Als wir bei Ann und Aldo zu Besuch waren (siehe Seite 76), bekamen wir sie gewürfelt in Teigtaschen gefüllt. Maggie interessierte sich sehr dafür, wie Karden in der Toskana angebaut werden, da sie welche in ihrem Garten in Barossa hat, bisher jedoch nicht sehr erfolgreich damit umgehen konnte. Die Toskaner entfernen alte, verfärbte Blätter, binden die Stiele zusammen, wickeln die Pflanze in Papier und häufeln Erde ringsum auf, wie man es auch beim Bleichen von Staudensellerie macht.

Pastinaken wären ebenfalls eine schöne Ergänzung, wir haben aber in Italien keine bekommen.

OBEN Geröstete Gemüsestücke in einer von Anna Rosas hübschen feuerfesten Formen. Gibt man in der letzten Viertelstunde der Backzeit etwas Essig über die Gemüse, karamelisieren sie sehr schön.

Möhren, geschält und in mundgerechte Stücke geschnitten
kleine Zwiebeln, geschält
kleine Kartoffeln mit oder ohne Schale
Fenchelknollen, geviertelt
Olivenöl
Meersalz
frisch gemahlener schwarzer Pfeffer
dicke, feste Knoblauchzehen mit Schale
Zitronen, nach Wahl
Balsamessig oder guter, gelagerter Rotweinessig

Den Backofen auf 200 °C vorheizen. Die Gemüse in einer großen Schüssel mit reichlich Olivenöl, Salz und Pfeffer vermengen und die Knoblauchzehen zugeben. (Einige halbierte Zitronen sind ebenfalls gut. Sie werden nicht mitgegessen, sondern sollen nur ihr Aroma auf die Gemüse übertragen.) In einer feuerfesten Form im Backofen rösten, dabei immer wieder umrühren und schütteln, damit die Gemüse nicht anbrennen. Die Garzeit beträgt mindestens 1½ Stunden. Zu Beginn der letzten Viertelstunde die Gemüse mit Balsam- oder Rotweinessig beträufeln. Die feuerfeste Form in dieser letzten Phase auf den Grill oder die Herdplatte stellen, damit der Essig karamelisiert und sich leckere braune Krusten an den Kanten der Gemüsestücke bilden.

Karamel-Schokopudding

OBEN Zum Karamel-Schokopudding reichten wir an einem Abend anstelle der rechts beschriebenen Apfel-Amaro-Sauce einen Pflaumencoulis. Der leise Bittermandelanklang der *amaretti* machte dieses Dessert zu einem interessanten Geschmackserlebnis. Der gleiche leicht bittere Kräuterbeigeschmack dominiert auch beim Amaro. Der ausgesprochen leckere italienische Digestif hätte auch bei uns einen höheren Bekanntheitsgrad verdient.

Wir servierten dazu Vin Santo, der gut mit dem Marzipanaroma der *amaretti* harmonierte.

weiche Butter
350 g amaretti, zerbröselt
250 ml Milch
60 ml Sahne
100 g Zucker
3 Eier, getrennt
40 g ungesüßter Kakao

KARAMEL

60 ml Wasser
250 g Zucker

APFEL-AMARO-SAUCE

6 Tafeläpfel
2 EL Wasser
125 g Zucker
duftende Blätter (Duftpelargonien, Myrte, Lorbeer etc.) oder 1 Vanilleschote
60 ml Amaro, Grappa oder Weinbrand

Den Backofen auf 180 °C vorheizen. Für den Karamel Wasser und Zucker in einem Topf unter Rühren erwärmen, bis sich der Zucker aufgelöst hat. Ohne Rühren weiterkochen, bis die Flüssigkeit eine dunkle Karamelfarbe angenommen hat. Vom Herd nehmen und den Boden des Topfes sofort in kaltes Wasser stellen, um den Garvorgang zu stoppen. Den Karamel in 8 Portionsförmchen von je 125 ml gießen und schwenken, damit er sich gleichmäßig verteilt. Alle nicht von Karamel überzogenen Stellen ausbuttern.

Die *amaretti* in Milch und Sahne einweichen. 45 g Butter mit dem Zucker schaumig schlagen, dann einzeln die Eigelbe zugeben. Kakao und *amaretti* zufügen und kurz rühren. Die Eiweiße steif schlagen, unter die Masse heben und diese in Förmchen füllen. Ein zusammengefaltetes Geschirrtuch in ein tiefes Backblech legen, die Förmchen darauf stellen und so viel kochendes Wasser zugießen, bis die Förmchen zu zwei Dritteln in der Flüssigkeit stehen. Das ganze Blech mit Alufolie abdecken. 25–30 Minuten backen, bis die Cremes stocken, sich aber nicht fest anfühlen. Aus dem Ofen nehmen, und die Folie noch 5 Minuten über dem Blech belassen. Heiß oder kalt mit der Apfel-Amaro-Sauce servieren.

Für die Sauce die Äpfel schälen, entkernen und in dünne Scheiben schneiden. Mit Wasser, Zucker und den duftenden Blättern bzw. der Vanilleschote in einem Topf erhitzen und leise köcheln lassen, bis die Äpfel ziemlich weich sind. Die Blätter bzw. die Vanilleschote herausnehmen und die Äpfel mitsamt Flüssigkeit durch ein Sieb streichen oder kurz in der Küchenmaschine pürieren. Nach Geschmack mit Amaro würzen.

ERGIBT 8 PORTIONEN

PANFORTE

STEPHANIE Siena ist die Heimat des *panforte,* was man unschwer daran erkennt, daß jedes Geschäft, in dem landestypische Produkte angeboten werden, eine große Auswahl davon bereithält. Diejenigen, die ich in Siena kaufte, waren saftiger als das *panforte,* das ich selbst gebacken habe, doch alle Produkte hielten sich ausgezeichnet frisch.

Sie können einen Teil der Aprikosen durch kandierte Orangen- und Zitronenschalen ersetzen.

OBEN Traditionell verpacktes *panforte,* das wir in Siena kauften

180 g dunkle Kuvertüre
500 g blanchierte Mandeln, hell geröstet
350 ml Honig
250 g Zucker
200 g glasierte Feigen, gehackt
250 g glasierte Aprikosen, gehackt
100 g glasierter Ingwer, gehackt
250 g Mehl
100 g ungesüßter Kakao bester Qualität
15 g Zimt
10 g gemahlener weißer Pfeffer
10 g gemahlenes Piment

Die Kuvertüre in Stücke brechen und im Wasserbad schmelzen. Dabei die Kuvertüre mit einem Deckel oder Alufolie abdecken, so daß weder Wasser noch Dampf die Schokolade verderben können (schon ein Tropfen Feuchtigkeit läßt die Kuvertüre gerinnen). Die Kuvertüre langsam schmelzen lassen, dann beiseite stellen und abkühlen lassen.

Den Backofen auf 150 °C vorheizen. Honig und Zucker in einem Topf bei mäßiger Hitze unter Rühren erwärmen, bis sich der Zucker aufgelöst hat. Mit einem in kaltes Wasser getauchten Backpinsel alle Zuckerkristalle von den Topfwänden ablösen. Ein Zuckerthermometer in den Topf hängen und den Zuckersirup aufkochen. Einen zweiten Topf mit kaltem Wasser und eine kleine Schüssel mit kaltem Wasser und Eiswürfeln bereitstellen. Den Zuckersirup kochen, bis das Thermometer 112 °C zeigt. Den Topf ins kalte Wasser stellen, sofort einen Teelöffel Zuckersirup in die Schüssel mit dem Eiswasser fallen lassen und mit den Fingern zu einer weichen Kugel rollen. Läuft der Sirup sofort wieder auseinander, den Topf wieder auf den Herd stellen und weiterkochen, bis das Thermometer 116 °C zeigt, dann erneut die Fingerprobe machen. Sobald das Stadium der »kleinen Kugel« erreicht und der Zuckersirup somit fertig ist, die Schokolade einrühren. Diese Mischung zu den restlichen Zutaten in eine Schüssel geben und alles gründlich vermengen. Die Masse in eine Springform von 28 cm Durchmesser füllen und 30 Minuten backen. Vor dem Anschneiden in der Form vollständig erkalten lassen.

Schöne alte Schüsseln voller roter Trauben und Vasen mit

duftenden Lilien wie von Caravaggio gemalt, Federwild mit Beilagen, ein Steinpilzauflauf besonderer Art, aufwendige Desserts und exquisite Weine: Das waren die Zutaten für unsere Festessen, mit denen wir die besten und schönsten Seiten der Toskana geradezu pompös feierten.

Das Fest-essen

PANZAROTTI

STEPHANIE Jeder unserer Kochkurse endete mit einem Festessen, bei dem sich Tony für das Speisezimmer etwas Besonderes einfallen ließ. Beim ersten Bankett war der Raum wie in ein prachtvolles Filmdekor ausgestattet: Purpurne Trauben prunkten in schönen alten Schüsseln, in Vasen standen duftende Lilien und glänzende Lorbeerblätter wie von Caravaggio gemalt. Die silbernen Kerzenleuchter waren auf Hochglanz poliert und der Tisch mit Anna Rosas feinstem bestickten Tischtuch eingedeckt. Bei unserem zweiten Festmahl stand die Dekoration im Zeichen üppiger Sträuße aus leuchtendgelben Margeriten, cremefarbenen Lilien und Tuberosen. Beim dritten Bankett schließlich übertraf sich Tony selbst. Die Blumen waren rot, weiß und grün, und den Höhepunkt bildete ein Stilleben mit Fasanenhahn und -henne im vollen Federkleid.

MAGGIE Zu Beginn jedes Festessens reichten wir Antinori Spumante Brut und entweder Elenas *pizzette* oder die nachfolgend beschriebenen *panzarotti.* Beim zweiten Bankett verwendete ich für die Füllung einen halbfesten Ziegenschnittkäse, Büffelmozzarella und reifen Pecorino; anstelle des im Rezept genannten Schinkens nahm ich eine lokale Salami. Die *panzarotti* waren noch besser, als ich zu hoffen gewagt hatte. Als wir in die goldgelben, federleichten Teigtaschen hineinbissen, trat der Käse heraus und vermischte seine Duft mit dem Aroma der Salami.

Das Rezept basiert auf Claudia Rodens *The Food of Italy.* Am besten bereitet man Füllung und Teig bereits am Vortag zu, denn dann können sich die Aromen der Füllung innig verbinden. Planen Sie ein, daß der Ricotta zusätzlich eine Nacht lang in einem Mulltuch über einer Schüssel abtropfen muß. Der Teig wird mit reichlich Olivenöl angerührt und verdirbt deshalb nicht, wenn er zugedeckt und gut gekühlt gelagert wird. In unserem Rezept füllen wir die *panzarotti* erst im letzten Moment, doch können Sie den Teig auch morgens ausrollen und füllen und die Teigtaschen anschließend im Kühlschrank verwahren, bis sie abends fritiert werden.

Olivenöl zum Fritieren

TEIG

450 g Mehl

5 Eier

80 ml Olivenöl

Salz

FÜLLUNG

250 g Ricotta, über Nacht abgetropft

2 Eier

100 g Pecorino, feingehackt

225 g Büffelmozzarella, feingewürfelt

225 g Salami, feingewürfelt

100 g Parmesan, frisch gerieben

1 Bund glattblättrige Petersilie, frisch gehackt

Salz

frisch gemahlener schwarzer Pfeffer

Den Teig am Vortag herstellen (er ist ähnlich wie Nudelteig). Dazu das Mehl in eine Schüssel sieben, in die Mitte eine Vertiefung drücken und die Eier hineinschlagen. Das Olivenöl und etwas Salz zugeben. Zunächst mit einer Gabel, dann mit den Fingern vermengen. 6–8 Minuten lang zu einem glatten, seidigen, elastischen Teig verkneten, dabei mit etwas Mehl bestäuben, falls er zu klebrig sein sollte. Den Teig in Klarsichtfolie einschlagen und über Nacht in den Kühlschrank legen. (Sollen die *panzarotti* am selben Tag gemacht werden, mindestens 30 Minuten kalt stellen.)

Alle Zutaten für die Füllung in einer Schüssel mischen und über Nacht kalt stellen. Etwa 1 Stunde vor dem Servieren den Teig möglichst dünn ausrollen und in ca. 30 cm x 10 cm große Rechtecke schneiden. Die Füllung löffelweise auf jedes Rechteck geben, dabei zwischen den einzelnen Häufchen einen Abstand von etwa 2 cm und zum Rand von etwa 1 cm lassen. Die Teigränder etwas anfeuchten, den Teig über die Füllung klappen und andrücken, damit die Kanten fest verkleben. Mit einem Plätzchenausstecher von der Falz aus kleine Halbkreise ausstechen. Die Schnittflächen mit einer Gabel dekorativ eindrücken oder die Ecken einschlagen. Die Plätzchen 30 Minuten ruhen lassen. (In diesem Zustand können die *panzarotti* auch bis zum Abend im Kühlschrank verwahrt werden.)

In der Zwischenzeit reichlich Olivenöl in einer Fritierpfanne sehr heiß werden lassen. Jeweils nur wenige *panzarotti* hineingeben und die Hitze etwas herunterschalten, damit sie nicht anbrennen. Ganz kurz fritieren, dabei einmal wenden. Sie werden rasch braun und knusprig. Die *panzarotti* herausnehmen und auf Küchenpapier abtropfen lassen. Nach dem Fritieren etwas abkühlen lassen, denn die Füllung wird sehr heiß.

ERGIBT ETWA 40 STÜCK

Fettuccine mit Trüffeln

OBEN Der ebenso gutaussehende wie charmante Markthändler auf dem Mercato San Lorenzo beim mutigen Halbieren einer großen Trüffel, deren Hälfte wir erwarben.

RECHTE SEITE Beim Festessen des zweiten Kochkurses stieß alles einen kollektiven Seufzer aus, als Maggie den Deckel von dem Glas abnahm, in dem unsere Trüffeln lagerten. Das Aroma erfüllte augenblicklich den riesigen Speisesaal bis in den letzten Winkel. Maggie hobelte die Trüffeln über die hausgemachten, frisch zubereiteten Fettuccine, die unsere luxuriöse Vorspeise bildeten. Wir beschlossen alle umgehend, daß wir dringend einen Trüffelhobel benötigten, der die Trüffel in hauchdünne Scheibchen schnitt.

MAGGIE Trüffeln wurden auf dem Mercato San Lorenzo nur sporadisch angeboten, und manche der gekauften Exemplare erwiesen sich nach unserer Rückkehr zur Villa beim Anschneiden als minderwertig. Da uns der Markthändler aber für das nächste Mal frische Trüffeln versprochen hatte, kehrten wir zu ihm zurück. Als er uns ein Exemplar von 200 g anbot, waren wir zunächst begeistert, allerdings nur, bis wir den Preis hörten. Schließlich schlug uns der gutaussehende, ausgesprochen freundliche Händler vor, die Trüffel zu halbieren, obwohl man ihm anmerkte, daß er es nur blutenden Herzens tat. Aufgrund des zuvor gemachten Fehlkaufs überlegten wir, daß es eigentlich ohnehin besser ist, eine halbe große als mehrere kleine Trüffeln zu kaufen, da man die innere Textur des Pilzes zuvor beurteilen kann. Dem würde natürlich nur ein besonders gutmeinender Trüffelhändler zustimmen. (Auch Würmer mögen Trüffeln und lassen ein krümeliges, muffiges Fruchtfleisch zurück – eine böse Überraschung für den stolzen Erwerber.) Nach einigem Geplänkel, bei dem es viel zu lachen gab, bekamen wir schließlich 100 g der Trüffel zum ermäßigten Preis. Damit war der Ehre auf beiden Seiten genüge getan.

Wenn Sie die Nudeln nicht sofort kochen wollen, müssen Sie ihnen ausreichend Zeit zum Trocknen lassen. Gehen Sie genau nach den Anweisungen (siehe Seite 212) vor. Soll das Gericht für mehr Personen reichen, rechnen Sie 10 g Trüffeln pro Person.

1 Rezept Maggies Eiernudelteig (siehe Seite 211)
150 g Butter
125 ml Weißwein
frisch gemahlener schwarzer Pfeffer
1 Prise Muskat
75 g Parmesan, frisch gerieben
1 weiße Trüffel von 100 g

Einen großen Topf mit Wasser zum Kochen bringen. Den Nudelteig nach Rezept zubereiten und portionsweise acht- bis zehnmal durch die breiteste Walzeneinstellung der Nudelmaschine drehen, bis er seidig glänzt. Den Teig nun je drei- bis viermal durch die restlichen Walzeneinstellungen rollen, bis die vorletzte erreicht ist, dann die Nudelplatten durch den Schneideaufsatz für Fettuccine (Breitbandnudeln) ziehen. Das kochende Wasser salzen und die Nudeln darin wenige Minuten *al dente* kochen. Wenn die Sauce über die Nudeln gegeben wird, garen sie noch etwas nach.

Während die Nudeln kochen, die Butter in einem großen Topf zerlassen, den Wein zugießen und unter kräftigem Rühren auf großer Flamme etwas einkochen lassen. Mit Salz, Pfeffer und Muskat würzen. Die Nudeln abschütten und mit der Butter vermengen. Den Topf vom Herd nehmen und den Parmesan unterheben. In eine vorgewärmte Schüssel füllen und die weiße Trüffel darüber hobeln. Sofort auf vorgewärmten Tellern servieren.

ERGIBT 10–12 PORTIONEN

Bohnensalat mit Artischocken und karamelisierten Zwiebeln

OBEN Für zwei unserer Festessen konnten wir keine Trüffeln auftreiben und servierten deshalb diesen köstlichen Salat auf Feldsalat. Der Salat selbst enthielt drei Zutaten, die in unseren Menüs immer wieder vorkamen: Bohnen, karamelisierte Zwiebeln und in Olivenöl gedünstete Artischocken. Damit keine Zutat unverwertet blieb, verwendeten wir die Kochflüssigkeit der Bohnen für eine Minestrone (siehe Seite 156) sowie die Sauce für das *sformato* von Seite 196.

RECHTE SEITE Ausschnitt aus einem Tafelbild im Museo Civico in San Gimignano

STEPHANIE Das Gericht ist zwar nicht typisch toskanisch, spiegelt jedoch die Art, wie man in der Toskana die gerade verfügbaren besten Zutaten miteinander kombiniert.

200 g frisch gepalte Cannellini-Bohnen oder 100 g getrocknete Bohnen, über Nacht eingeweicht
1 Zwiebel, feingehackt
1 Stange Staudensellerie, feingehackt
1 frisches Lorbeerblatt
1 Thymianzweig
3 Knoblauchzehen
gedünstete Artischocken (siehe Seite 72)
frisch gemahlener schwarzer Pfeffer
Salz
Feldsalat oder Rauke
frische glattblättrige Petersilie, gehackt
karamelisierte Zwiebeln
20 Perlzwiebeln oder kleine Haushaltszwiebeln, geschält
125 ml kaltgepreßtes Olivenöl
1 Lorbeerblatt
1 Rosmarinzweig

Die Perlzwiebeln halbieren oder vierteln und mit den anderen Zutaten in einen Topf oder eine Pfanne geben. Zugedeckt bei mäßiger Hitze 15 Minuten kochen, bis die Zwiebeln weich werden, dabei häufig umrühren. Den Deckel abnehmen und unter Rühren weiterkochen, bis die Zwiebeln auseinanderfallen und hellbraun sind. Machen Sie sich keine Sorgen, wenn die Schnittstellen fast schwarz werden, denn das gibt dem Gericht Aroma. Achten Sie aber beim Umrühren darauf, daß die Zwiebeln nicht anbrennen, notfalls noch etwas Öl zugeben. In dem Öl halten sich die Zwiebeln gut gekühlt mehrere Tage.

Die Bohnen in einen Topf füllen und mit Wasser bedecken. Zwiebel, Sellerie, Kräuter und Knoblauch zugeben und zugedeckt 45 Minuten weichkochen (getrocknete Bohnen in mehr Wasser etwa 1½ Stunden garen). Die Bohnen in eine Schüssel umfüllen und in der Flüssigkeit abkühlen lassen. Die erkalteten Bohnen abschütten, die Flüssigkeit aufbewahren, die Kräuter jedoch wegwerfen. Etwas Öl von den karamelisierten Zwiebeln in einem Topf erhitzen und die Bohnen sowie 250 ml Kochflüssigkeit zugeben. Bei mäßiger Hitze cremig werden lassen und abschmecken. Mit den Zwiebeln und gedünsteten Artischocken vermengen, auf einem Feldsalatbett anrichten und mit Petersilie bestreuen.

ERGIBT 6 PORTIONEN

Sformato di porcini mit Steinpilz-Mark-Sauce

STEPHANIE Ich begann mit der Sauce zu diesem Auflauf drei Tage vor unserem zweiten Bankett und bereitete die Küchlein am Vortag zu. Auch dabei zeigte sich wieder, daß wir letztlich doch immer wieder improvisierten, weil wir nichts wegwerfen mochten, in diesem Fall die Einweichflüssigkeit der Steinpilze und die Kochflüssigkeit der Bohnen, die für den Vorspeisensalat zubereitet wurden (siehe Seite 194). Letztere verwendete ich anstelle der unten aufgeführten Brühe. Die Sauce wurde mit einem Schuß Sahne gebunden. Zu jeder Portion legten wir ein Scheibchen von dem pochierten Knochenmark dazu.

Der Metzger auf dem Mercato San Lorenzo zerhackte die Markknochen in praktische 6 cm lange Stücke. Zu Hause in der Villa drückten wir das Mark aus den Knochen und legten es bis zum Verbrauch in leicht gesalzenes Wasser. Das Mark kann so gut gekühlt 2 Tage aufbewahrt werden.

Butter
60 g Mehl
350 ml warme Milch
75 g Ricotta
1 EL frisch geriebener Parmesan
2 EL frisch gehackte glattblättrige Petersilie
200 g frische Steinpilze, Butterröhrlinge oder Wiesenchampignons, blättrig geschnitten
1 EL trockener Marsala
3 Eigelb
Salz
frisch gemahlener schwarzer Pfeffer
4 Eiweiß
500 ml Sahne

SAUCE

1 Handvoll getrocknete Steinpilze
400 ml warmes Wasser
60 g Butter
600 g frische Steinpilze, Butterröhrlinge oder Wiesenchampignons, blättrig geschnitten
1 TL gehackter Knoblauch
375 ml Nebbiolo oder ein anderer trockener Rotwein
400 ml Geflügelbrühe (siehe Seite 213) oder die Kochflüssigkeit der Bohnen
Salz
Pfeffer
125 ml Sahne
60 ml Knochenmark

Für die Sauce die getrockneten Steinpilze 20 Minuten im warmem Wasser einweichen, dann herausnehmen und die Flüssigkeit ausdrücken, aber in der Schüssel auffangen. Die Pilze fein hacken (es sollen etwa 250 g sein) und beiseite stellen. Die Einweichflüssigkeit durch eine doppelte Schicht Musselin seihen und beiseite stellen (etwa 200 ml).

Die Butter in einer großen Pfanne schaumig werden lassen und die frischen Pilze darin 5 Minuten anbraten. Knoblauch und die eingeweichten Steinpilze zugeben und bei mittlerer Temperatur weitere 5 Minuten dünsten. 250 ml Rotwein einrühren, die Temperatur höher stellen und den Pfanneninhalt etwas reduzieren. Den restlichen Wein, die Einweichflüssigkeit und die Brühe zugießen und 10 Minuten köcheln lassen. Mit Salz und Pfeffer abschmecken.

Den Backofen auf 180 °C vorheizen. Etwas Butter zerlassen und 12 Souffléförmchen von je 125 ml damit einfetten. 60 g Butter in einem kleinen Topf zerlassen, das Mehl darüber stäuben und 2 Minuten bei mäßiger Hitze unter Rühren anschwitzen. Nach und nach unter ständigem Rühren die erwärmte Milch zugießen (man kann auch ein Drittel der Milch durch Einweichflüssigkeit von einem anderen Gericht ersetzen). Zum Kochen bringen, herunterschalten, noch 5 Minuten köcheln lassen und dann vom Herd nehmen. Den Ricotta mit einer Gabel verrühren und zusammen mit dem Parmesan und der Petersilie in den Topf geben. Ein paar Minuten abkühlen lassen.

In der Zwischenzeit die Pilze in etwas Butter andünsten und den Marsala zugießen. Die Eigelbe unter die Ricottamasse ziehen. Mit Salz und Pfeffer abschmecken und die Pilze unterheben. Die Eiweiße halbsteif schlagen und rasch unter die Ricotta-Pilz-Mischung heben.

Die Masse in die vorbereiteten Förmchen füllen und die Oberfläche glätten. Ein zusammengefaltetes Geschirrtuch in ein tiefes Backblech legen, die Förmchen darauf stellen und so viel kochendes Wasser angießen, daß die Förmchen zu zwei Dritteln im Wasser stehen. Etwa 20 Minuten backen, bis die Creme sich fest anfühlt und hoch aufgegangen ist. Aus dem Ofen nehmen. An der Luft fallen die Küchlein sofort wieder in sich zusammen. 1 Minute ruhen lassen, dann alle Küchlein aus den Formen gleiten lassen.

Unmittelbar vor dem Servieren den Backofen auf 200 °C vorheizen. 120 ml Sahne sprudelnd aufkochen lassen. Die Pilzsauce in einem zweiten Topf erwärmen und in die heiße Sahne rühren. Das in Scheiben geschnittene Knochenmark 3 Minuten in Wasser pochieren, herausnehmen und warm stellen.

Die Küchlein im weiten Abstand auf ein gefettetes Backblech legen und jedes mit 2 Eßlöffeln Sahne begießen. 15 Minuten backen, bis sie wieder aufgehen und an der Oberfläche blaßgolden werden. Vorsichtig jedes Küchlein auf einen vorgewärmten Teller legen, ringsum die Sauce geben und etwas Mark auf die Pilze legen. Sofort servieren.

ERGIBT 12 PORTIONEN

OBEN Diese herrlichen zweimal gebackenen Küchlein waren lehmfarben wie der Töpferton der Crete di Siena, der urtümlichen Landschaft südlich von Siena. Paolo de Marchi, ein Winzer von Isole e Olena, war bei unserem zweiten Festessen mit seiner Frau Marta bei uns zu Gast. Er hatte uns während des Unterrichts erklärt, wie wichtig es ist, daß Weinbauern und Winzer in der Landschaft »lesen« können. Genau das war uns mit diesem Gericht in kulinarischer Hinsicht gelungen!

Fasan in Vin Santo mit Maronen und pancetta

Noch in Australien beschlossen wir, daß es als Hauptgericht für jedes Festessen Fasan geben sollte. In Italien angekommen, mußten wir feststellen, daß es dort gar nicht so leicht ist, diese Vögel zu beschaffen (außerdem waren die Fasane, die wir angeboten bekamen, meist völlig von Schrotkugeln durchlöchert). Zwischen dem, was wir uns für diese Bankette ausgedacht hatten, und dem, was wir letzten Endes zubereiteten, bestand deshalb ein großer Unterschied, zumal wir uns ja vorgenommen hatten, das Angebot der jeweiligen Saison wahrzunehmen. Auch wenn wir für die Festessen in der Villa di Corsano zum guten Schluß Perlhuhn zubereiteten, möchten wir Ihnen das ursprünglich vorgesehene Rezept nicht vorenthalten – ganz einfach deshalb, weil es köstlich ist!

500 ml Geflügelbrühe (siehe Seite 213)
2 Fasanen zu je 1 kg
Vin Santo
20 g Butter
Olivenöl
200 g frische Maronen, geschält und abgezogen
200 g Perlzwiebeln, geschält
Salz
frisch gemahlener schwarzer Pfeffer
12 Scheiben pancetta

MARINADE
125 ml Olivenöl
Saft von 1 Orange
4 Streifen Orangenschale
4 Thymianzweige
2 Lorbeerblätter
1 TL zerdrückte Wacholderbeeren

RECHTE SEITE Bei unserem letzten Bankett machte sich unser hauseigener »künstlerischer Leiter« Tony alle Ehre. Prunkstück an einem der Eßzimmerfenster war ein Stilleben mit Fasanenhahn und -henne im vollen Federkleid.

Die Brühe in einem Topf auf rund 250 ml einkochen. Die Rückgrate der Fasane herausschneiden und die Vögel an der Brustseite mit dem Handballen flachdrücken. Die Vögel von innen trockentupfen. Die Zutaten für die Marinade in einer Schüssel mischen und damit die Haut der Fasane ringsum bestreichen. Notfalls mehr Olivenöl zugeben, damit die Marinade gut haftet. Die Fasane 2 Stunden lang ziehen lassen, den Rest der Marinade aufbewahren.

→ *Seite 200*

Den Backofen auf 250 °C vorheizen. Die Fasane in einem feuerfesten Topf 10 Minuten mit der Brustseite nach oben braten und anbräunen, dann wenden und in weiteren 10 Minuten fertigbraten. Ob sie gar sind, merkt man, wenn man eine Keule vom Körper wegzieht, sie sollte sich leicht lösen. Das Fleisch soll noch rosa, aber keinesfalls mehr roh ein. Die gebratenen Fasane mit der Brust nach unten in Alufolie schlagen und an einem warmen Ort ruhen lassen, allerdings nicht im Backofen, denn den benötigen Sie gleich wieder.

Den Topf auf den Herd stellen und den Bratensatz mit 150 ml Vin Santo sowie der restlichen Marinade loskochen, dabei die Topfwände gut abschaben. Die Brühe zugeben und zu einer Sauce einkochen.

Die Butter in einem Topf nußbraun werden lassen und einen Spritzer Olivenöl zugeben. Die Maronen und Zwiebeln zugeben und fast weich kochen, dann etwas Vin Santo zugeben und zugedeckt fertiggaren.

Die Zwiebeln und Kastanien in die Sauce geben und auf die gewünschte Konsistenz einkochen. Abschmecken. Die *pancetta* ein paar Minuten in einer feuerfesten Form im heißen Ofen rösten und zu den Fasanen auf eine Platte legen. Daneben einen Saucenspiegel gießen.

ERGIBT 4 PORTIONEN

UNTEN UND RECHTE SEITE Beim Rupfen der Fasanen. Diese beiden Exemplare hatten einen hervorragenden Wildgeschmack, wobei auch das eine oder andere Schrotkorn im Fleisch nicht fehlte.

Perlhuhn mit Zitrusfrüchten

RECHTE SEITE Perlhuhn mit Zitrusfrüchten. Wildgeflügel, Orangen und Wacholderbeeren passen ausgezeichnet zusammen. Am Morgen des letzten Festessens, als die Gruppe schon allmählich in Auflösung begriffen war, stellten wir fest, daß wir keine Wacholderbeeren mehr im Haus hatten. Der Tag war aber gerettet, als wir beim Waldspaziergang frische Beeren fanden. Wir pflückten ein oder zwei der dornigen Wacholderzweige ab und verbargen sie in der Jackentasche, bis wir die Küche der Villa erreichten.

MAGGIE Das Gericht sah bei jedem Bankett anders aus, je nachdem, welche Köstlichkeiten der Markt uns zu bieten hatte. Besonders lecker wurden die Perlhühner mit den saftigen sizilianischen Miagawa-Orangen, die außen ganz dunkelgrün, innen jedoch leuchtend orangefarben und im Geschmack irgendwo zwischen Zitrone und Apfelsine angesiedelt waren. Bei einem Festessen verwendete ich süßliche Klementinen, bei einer anderen Gelegenheit schob ich etwas Trüffelpaste aus Brotkrumen und Butter unter die Haut der Hühnerbrüste und rieb die Vögel mit Trüffelöl ein.

3 Perlhühner zu je 800 g
3 Orangen, Bitterorangen, Mandarinen oder Limetten oder 12 Kumquats
6 frische Lorbeerblätter
6 Scheiben pancetta, dünn geschnitten
6 kleine flache Zwiebeln oder 12 Schalotten
kaltgepreßtes Olivenöl
3 große geschmorte Chicorée oder 2 kleine geschmorte Fenchelknollen (siehe Seite 205)

MARINADE

Saft von 2 Orangen
8 Streifen Orangenschale
8 Thymianzweige
4 frische Lorbeerblätter
2 TL zerdrückte Wacholderbeeren
Olivenöl

SAUCE

1 große Zwiebel, grobgehackt
2 kleine Möhren, grobgehackt
2 Stangen Staudensellerie, grobgehackt
kaltgepreßtes Olivenöl
150 ml Vin Santo
500 ml Geflügelbrühe (siehe Seite 213)

Den Backofen auf 250 °C vorheizen. Die Rückgrate der Perlhühner herausschneiden und die Vögel an der Brustseite mit dem Handballen flachdrücken. Die Vögel von innen trockentupfen. Die Zutaten für die Marinade in einer Schüssel mischen, dabei nur so viel Olivenöl zugeben, daß die Masse feucht ist. Die Haut der Perlhühner ringsum damit bestreichen. Notfalls mehr Olivenöl zugeben, damit die Marinade gut haftet. Die Perlhühner 2 Stunden lang ziehen lassen, den Rest der Marinade aufbewahren, einige Eßlöffel davon für den Perlhuhnsalat (siehe Seite 204) beiseite stellen.

Die Orangen in dicke Scheiben schneiden, mit Lorbeerblättern, *pancetta* und Zwiebeln auf 2 feuerfeste Formen verteilen und mit Olivenöl beträufeln. Die Perlhühner darauf

legen und 10 Minuten mit der Brustseite nach oben braten, damit sie anbräunen. Die Hühner wenden und von der anderen Seite weitere 10 Minuten braten. (Nun müßten die Zwiebeln karamelisiert sein.) Ob die Hühner gar sind, merkt man, wenn man eine Keule vom Körper wegzieht, sie sollte sich leicht lösen. Das Fleisch sollte noch rosa, aber keinesfalls mehr roh ein. Die gebratenen Perlhühner mit der Brust nach unten in Alufolie schlagen und an einem warmen Ort ruhen lassen, allerdings nicht im Backofen, denn den benötigen Sie gleich wieder. Die Orangenscheiben, Zwiebeln und *pancetta* in eine feuerfeste Form geben.

Zum Tranchieren der Perlhühner die Keulen vom Körper, dann den Ober- vom Unterschenkel abtrennen. Die Oberschenkelknochen auslösen und das Fleisch mit intakter Haut auf der Schnittseite im eigenen Saft liegend für den unten beschriebenen Salat beiseite stellen. Das Brustfleisch von der Karkasse lösen und zusammen mit den Unterschenkeln zur Orangen-, Zwiebel- und *pancetta*-Mischung legen. Die Karkassen hacken und beiseite stellen.

Für die Sauce die Zwiebeln, Möhren und den Sellerie mit einem Spritzer Olivenöl 20 Minuten bräunen. Dann den Vin Santo und die restliche Marinade zugießen und damit bei großer Hitze den Bratensatz unter häufigem Rühren loskochen. Die Karkassen hineingeben und die Brühe zugießen, dann sprudelnd einkochen (allerdings nicht allzu sehr eindicken lassen). Die Sauce durch ein Sieb in eine Schüssel gießen und die festen Bestandteile wegwerfen. Den geschmorten Chicorée halbieren (Fenchelknollen dritteln) und in die feuerfeste Form zur Orangenmischung legen.

Das Keulenfleisch herausnehmen. Das Brustfleisch mit Zwiebeln, Orangen, *pancetta* und Chicorée bzw. Fenchel gleichmäßig in der feuerfesten Form verteilen und 2 bis 3 Minuten lang im Ofen erwärmen. Die *pancetta* für den Salat beiseite stellen. Die Sauce sprudelnd aufkochen lassen. Das Keulenfleisch zum Brustfleisch und den Gemüsen geben und mit der heißen Sauce begießen. Auf vorgewärmten Tellern servieren.

ERGIBT 6 PORTIONEN

PERLHUHNSALAT MIT WALNÜSSEN, LEBER UND RADICCHIO

Wir servierten den Salat immer, wenn es vorher Perlhuhn aus dem Ofen gegeben hatte, ganz gleich in welcher Version (siehe Seite 202). 6 Walnüsse knacken und die Kerne 6–8 Minuten bei 200 °C im Backofen rösten, dann die Haut mit einem Geschirrtuch abreiben, es sei denn, Sie bekommen ganz frische Nüsse. Die Perlhuhnoberschenkel mit der verwahrten Marinade bestreichen und kurz auf dem heißen Grill oder in einer Grillpfanne rösten, dabei die Stücke so hinlegen, daß ein Gittermuster entsteht. Beiseite stellen. 6 Perlhuhn- oder Hähnchenlebern in einer Pfanne anbraten. Das Innere sollte noch rosa sein. 6 stark gekräuselte innere Radicchioblätter mit Fleisch, Leber und Walnüssen füllen und die nach dem vorangehenden Rezept gebratenen *pancetta*-Scheiben dazulegen. Mit einer aus mildem kaltgepreßtem Olivenöl, etwas frischem Zitronen- und Orangensaft, Salz und frisch gemahlenem schwarzem Pfeffer angerührten Vinaigrette anrichten und sofort servieren.

GESCHMORTER CHICORÉE/FENCHEL

Beim Schmoren gart man die Zutaten in relativ wenig Flüssigkeit. Kochgut und Schmorflüssigkeit beeinflussen sich wechselseitig mit ihren Aromen. Bei richtig berechneter Kochzeit ist die Schmorflüssigkeit genau in dem Moment zu einer Sauce eingekocht, wenn das Fleisch oder Gemüse gar ist. Wichtig ist auch, daß das Kochgeschirr die richtige Größe hat.

Die interessante bittere Note dieses Gerichts paßt als Beilage ebensogut zu einem sehr milden Hauptgericht, wie zum Beispiel gebratenen Wachteln, wie zu eher kräftigen, fetten Speisen, deren Üppigkeit von dem bitteren Beigeschmack etwas zurückgenommen wird, beispielsweise Schweinshachse oder -füßen, Jungtauben, Fasanen oder Perlhühnern. Fenchel schmeckt auf diese Art zubereitet ebenfalls sehr lecker. Wählen Sie möglichst junge Knollen.

OBEN Tony beim Herrichten eines Blumenarrangements für ein Festessen

Butter
Chicorée- oder Fenchelknollen
Salz
frisch gemahlener schwarzer Pfeffer
Brühe (siehe Seite 213)

Den Backofen auf 180 °C vorheizen. Eine Gratinform ausbuttern, in die die erforderliche Anzahl Chicorée oder halbierte Fenchelknollen gerade hineinpassen. Die Gemüse in zerlassener Butter wälzen, in die Form legen und würzen. Die Brühe zugießen, so daß die Gemüse bis auf halbe Höhe in der Flüssigkeit liegen. Ein passend zugeschnittenes Stück Backpapier auf die Gemüse drücken und die Form mit einem Deckel oder doppelt gelegter Alufolie abdecken. 20 Minuten backen.

Aus dem Ofen nehmen und die Gemüse wenden. Die Form wieder in den Ofen stellen und ohne Abdeckung und Backpapier weitere 20 Minuten garen. Die Gemüse sollen weich und die Sauce eingedickt und sämig sein. Ist dies noch nicht der Fall, so stellen Sie das gegarte Gemüse warm und kochen die Flüssigkeit auf der Herdplatte ein. Sobald nur noch ein paar Löffel Flüssigkeit übrig sind, die Gemüse wieder in die Form zurückgeben und kurz in der sämigen Sauce wälzen.

WÜRSTE ODER FLEISCHBÄLLCHEN

Gibt man kleine, aromatische Würste oder Fleischbällchen mit in den Schmortopf, hat man im Nu eine komplette Mahlzeit beisammen. Alle Aromen ergänzen sich wunderbar, und es macht auch nichts, wenn die Flüssigkeit ein wenig eingekocht oder die Würstchen noch etwas gebräunt werden müssen.

IL DUOMO (ZUCCOTTO)

DIESE UND RECHTE SEITE Elena präsentiert ihren *zuccotto*. Angeblich ist die Form dieser Spezialität durch die Kuppel des Florentiner Doms angeregt worden. Man legt eine große Schüssel mit Kuchenstreifen aus: Die Ansatzstellen entsprechen den äußeren Rippen an Brunelleschis berühmtem Bauwerk.

Zu unserem letzten Bankett fanden sich 22 Personen zum Festmahl ein, wobei Tony, Elena und Peter sich dazusetzten, soweit es ihre Pflichten erlaubten. Anna Rosa und ihr Mann Constantino waren unsere Gäste. Vor allem Tonys rot-grün-weiße Blumenarrangements beeindruckten sie sehr.

Der *zuccotto* wurde von Elena zubereitet und von Tony mit silbernen Liebesperlen und Rauten aus unseren kandierten rosa Grapefruitschalen mit derselben liebevollen Sorgfalt dekoriert, mit der er ein Kostüm für *Hello Dolly* herrichten würde. Elena hatte heimlich aus Schokolade die Buchstaben »S« und »M« hergestellt und legte sie zu jeder Portion dazu. Der *zuccotto* war sogar mit einer kleinen »Laterne« aus Pfirsichen ausgestattet, und der Grappasirup mit Blutorangensaft rosa gefärbt. Dadurch wirkte die Kuppel wie in einen rosigen Sonnenuntergang gehüllt.

KUCHENTEIG

170 g Mehl
1½ TL Backpulver
1 Prise Salz
1 EL Zitronensaft
60 ml Milch
125 g weiche Butter
150 g Zucker
3 Eier

ZITRONENSIRUP

60 ml Wasser
150 g Zucker
60 ml Zitronensaft
60 ml Orangensaft
60 ml Limoncello oder Grappa

FÜLLUNG

200 g Zartbitterkuvertüre
250 ml Sahne
125 g Puderzucker
250 ml Mascarpone
100 g Ricotta, abgetropft
100 g blanchierte Mandeln, grobgehackt
100 g geröstete Haselnüsse, gehäutet und grobgehackt
100 g kandierte Zitronen-, Grapefruit- oder Zitronenschalen (siehe Seite 69), gehackt

→ *Seite 208*

RECHTE SEITE Unser Team vor der Villa di Corsano, von links nach rechts: Tony, Stephanie, Elena, Maggie und Peter

Den Backofen auf 160 °C vorheizen. Für den Kuchen eine Form von 23 cm x 13 cm x 8 cm Größe mit Backpapier auslegen. Mehl, Backpulver und Salz in eine Schüssel sieben. Zitronensaft und Milch verrühren und beiseite stellen. Die Butter mit dem Zucker hell und dick aufschlagen, dann einzeln die Eier zugeben und jedesmal gründlich verrühren. Ein Drittel des Mehls unterziehen. Die Hälfte der Milch, ein weiteres Drittel des Mehls einrühren und schließlich die andere Hälfte der Milch und das restlich Mehl zugeben und nur noch kurz verschlagen. Die Masse in die vorbereitete Form gießen und etwa 1 Stunde backen. Ein Holzstäbchen in die Mitte des Kuchens stechen. Bleibt es sauber, ist der Kuchen gar. Den Kuchen auf ein Drahtrost stürzen und vor dem Anschneiden vollständig erkalten lassen.

In der Zwischenzeit eine Schüssel im Kühlschrank kalt stellen. Für den Sirup Wasser und Zucker vorsichtig in einem Topf erwärmen und rühren, bis sich der Zucker aufgelöst hat. Zitronen- und Orangensaft zugießen. Vom Feuer nehmen und Limoncello oder Grappa zugeben.

Den Kuchen in 5 mm dicke Scheiben schneiden und jede davon diagonal halbieren. Die Kuchenscheiben leicht mit dem Zitronensirup bestreichen und eine Form oder Schüssel mit rundem Boden und 1,5 Liter Fassungsvermögen damit auslegen. Dabei soll jeweils die Spitze zum Boden zeigen und immer eine Krustenseite an eine Schnittfläche stoßen, damit die »Rippen« der Kuppel entstehen. (Stellen Sie sich vor, wie solche Rippen verlaufen, dann kann nichts schief gehen. Wenn Sie das Dessert hinterher stürzen, laufen die Rippen an den Seiten herunter.) Achten Sie darauf, daß die ganze Fläche der Schüssel mit Kuchen ausgelegt ist. Sollten Sie irgendwo noch Lücken entdecken, verschließen Sie sie mit angefeuchteten Kuchenstückchen. So viel Kuchen zurückbehalten, daß Sie hinterher einen Deckel daraus bilden können. Restlichen Sirup verwahren.

Für die Füllung die Hälfte der Schokolade hacken oder reiben. Die restliche Kuvertüre im Wasserbad schmelzen. Den Topf vom Herd nehmen und die Kuvertüre etwas abkühlen, aber nicht hart werden lassen.

In der kalten Schüssel die Sahne mit dem Puderzucker sehr steif schlagen. Den Mascarpone in der Küchenmaschine glattrühren und mit dem Ricotta vermischen. Diese Masse unter die Schlagsahne heben. Nüsse, kandierte Zitrusschalen und die gehackte bzw. geriebene Schokolade unterziehen. Ein Drittel der Masse in eine zweite Schüssel füllen, die abgekühlte geschmolzene Schokolade dazugeben und gründlich vermischen.

Die Masse ohne Schokolade auf den befeuchteten Kuchen in der runden Schüssel streichen und glätten. In der Mitte eine Vertiefung lassen und dort hinein die Schokoladenmasse füllen. Die Oberfläche glätten und mit befeuchteten Kuchenstücken belegen. Die Schüssel mit Klarsichtfolie abdecken und mindestens 24 Stunden kalt stellen. Zum Servieren den *zuccotto* vorsichtig auf eine Platte stürzen. Sollte der Kuchen sehr trokken wirken, befeuchtet man ihn mit dem restlichen Sirup. In Spalten geschnitten mit oder ohne Fruchtkompott servieren.

ERGIBT 10 PORTIONEN

Die Speisekammer

Knoblauchöl

Wir hielten stets reichlich feingehackten Knoblauch bereit, der gründlich mit kaltgepreßtem Olivenöl vermischt und in einem Deckelglas verwahrt wurde. Das Öl stand 1 cm über dem Knoblauch und hielt sich im Kühlschrank ohne weiteres mindestens 1 Woche frisch. Wir bestrichen damit Grillfleisch und -gemüse und verwendeten es überall dort, wo ein kräftiger Akzent erwünscht war.

Pilze

EINGELEGTE PILZE

Dieses Rezept stammt aus Antonio Carluccios *Meine italienische Küche;* der Abschnitt über das Füllen und Versiegeln der Gläser ist von uns. Viele herkömmliche Rezepte überspringen diesen Schritt, doch bei allem Vertrauen zu traditionellen Methoden ziehen wir beide es vor, beim Haltbarmachen von Lebensmitteln auf Nummer Sicher zu gehen.

In Italien werden die herrlich fleischigen Steinpilze *(porcini)* nach dieser Methode eingelegt, doch Zuchtchampignons tun es ebensogut. Beide Sorten ergeben eine leckere Zutat für eine schöne Antipasti-Platte.

1 kg Pilze
700 ml Weißweinessig
300 ml Agresto
3 frische Lorbeerblätter
3 Knoblauchzehen
1 EL Salz
Olivenöl

Die Pilze putzen, alle weichen Exemplare wegwerfen. Essig und Agresto in einem großen Edelstahltopf zum Kochen bringen und Lorbeer, Knoblauch, Salz und die Pilze zugeben. 6 Minuten kochen lassen; dabei sollen die Pilze stets mit Flüssigkeit bedeckt sein. Die Pilze mit einem Schaumlöffel herausheben und mit dem Stiel nach unten auf ein sauberes, trockenes Geschirrtuch legen. Die Kochflüssigkeit durchseihen und beiseite stellen. Lorbeer und Knoblauch verwahren.

Ein wenig Öl in ein sterilisiertes Glas gießen und eine Schicht Pilze, eine Knoblauchzehe und ein Lorbeerblatt hineingeben, mit Öl bedecken und mit einem Löffel Luftblasen herausdrücken. Weitere Schichten Pilze einlegen und jeweils gut mit Öl bedecken.

Die vollen Gläser verschließen, in einen Bogen Pergamentpapier einwickeln und mit einem Gummiband befestigen. Die Gläser in einen großen Einmachtopf stellen und bis zu den Deckeln kaltes Wasser hinzugießen. Zum Kochen bringen und 1½ Stunden bei großer Hitze kochen lassen. Die Gläser im Wasser abkühlen lassen, auswickeln und abtrocknen. Lichtgeschützt aufbewahren.

ERGIBT 1,5 L

PILZE IN ÖL

Die Pilze in dicke Scheiben schneiden, salzen und 1 Stunde ruhen lassen. Trockentupfen. Öl in einer Pfanne erhitzen, darin die Pilze kurz anbraten, damit sie etwas Flüssigkeit verlieren. Die Pilze in sterilisierte Gläser füllen, in jedes ein paar Pfefferkörner geben und mit Öl bedecken. Wie oben beschrieben fortfahren.

PILZE IM EIGENEN SAFT

Die Pilze sauberreiben. Im ganzen belassen (sehr große Exemplare halbieren oder vierteln). Einen Topf mit Salzwasser füllen und den Saft von 2–3 Zitronen zugeben. Zum Kochen bringen. Die Pilze darin 3 Minuten blanchieren, abtropfen lassen und dicht an dicht in sterilisierte Einmachgläser füllen, zwischendurch immer wieder mit Salz bestreuen und ein paar Pfefferkörner zugeben. Wie oben beschrieben fortfahren.

Angelo Bonaccis Methode

Angelo und Mary Bonacci leben in Myrtleford, Victoria (Australien). In ihrem Keller stehen reihenweise Gläser mit eingemachtem Obst und Gemüse, von Kirschen über Feigen, Pfirsiche, Paprika und Mais bis hin zu marinierten Auberginen und Pilzen. Angelos Methode funktioniert wie folgt: Die Pilze putzen und kleinschneiden. Wasser und Essig zu gleichen Anteilen in einem Topf mischen und mit reichlich Salz (gegen Schimmelbefall) zum Kochen bringen. Die Pilze darin 15 Minuten garen, dann abtropfen lassen, mit einem sauberen Geschirrtuch trockentupfen und über Nacht ruhen lassen. Am folgenden Tag die Pilze in einen Email- oder Edelstahlbehälter geben, dazwischen gehackten Knoblauch, Petersilie und getrockneten Oregano streuen. Mit Olivenöl bedeckt über Nacht stehen lassen, dann in sterilisierte Gläser füllen und so viel Olivenöl zugießen, daß die Pilze völlig bedeckt sind.

Pasta

Maggies Eiernudeln

Handgemachte frische Nudeln sind völlig anders, als wenn man sie maschinell herstellt. Durch das intensive Kneten, das je nach Können zwischen 10 und 20 Minuten dauern sollte, wird der Teig schön glänzend.

Man kann den Nudelteig ausrollen und in Streifen schneiden, doch die Verwendung einer preiswerten, einfachen Nudelmaschine erleichtert die Herstellung ungemein. Die mechanischen Geräte werden an der Tischplatte festgeschraubt und bestehen aus drei Walzenpaaren, von denen die ersten beiden den Teig kneten und ausrollen, während das dritte Paar die Teigplatte in der gewünschten Breite zerschneidet. Der Abstand zwischen den glatten Walzen läßt sich verstellen. Beim ersten Knetdurchgang stehen die Walzen ganz weit auseinander, werden dann aber bei jedem Durchgang enger gestellt, bis die Teigplatte ganz lang und dünn ist und zerschnitten werden kann. Es gibt verschiedene Schnittwalzen für breite und schmale Bandnudeln sowie Spezialaufsätze.

Besonders schön wird der Nudelteig, wenn man die beiden Schmalseiten nach innen einschlägt, bis das Päckchen nur noch ein Drittel so groß ist wie die ursprüngliche Platte. Das Päckchen wird durchgewalzt, wiederum gefaltet und erneut gewalzt und so weiter. Stellt man die Walzen enger, braucht man den Teig nicht zu falten, sollte ihn aber mehrmals durchlaufen lassen. Je öfter der Teig gewalzt wird, desto feiner wird er. Manchmal ist es sinnvoll, sich von jemandem helfen zu lassen, der die Teigplatte auffängt, wenn sie aus der Maschine kommt, während man selbst den Teig von oben hineingibt. Manchmal muß man die Platte auch auf eine vernünftige Länge schneiden, denn sie wird natürlich mit jedem Durchgang lang und länger. Am Schluß die Platte mehrmals durch die vorletzte Walzeneinstellung führen, dann wird der Nudelteig sehr fein. Sobald der Teig dünn genug ist, gibt man ihn durch den Schneidaufsatz.

Die Nudelmenge reicht für 6–12 Portionen.

500 g Vollweizenmehl Type 550
Salz
4 Eier Gew.-Kl. M
6 Eigelb
4 l Wasser

Das Mehl mit 1 Teelöffel Salz mischen und in die Mitte eine Vertiefung drücken. Eier und Eigelbe verquirlen, hineingeben und mit einer Gabel einarbeiten. Ist der Teig zu trocken, gibt man ein weiteres Eigelb hinzu. Den Teig mindestens 10 Minuten lang kneten, bis er glänzend und elastisch ist. Zu einer Kugel formen und in Klarsichtfolie eingeschlagen 30 Minuten kalt stellen.

Die Teigkugel in 4 Teile schneiden und jeden einzeln acht- bis zehnmal durch die weiteste Einstellung der Nudelmaschine rollen, bis der Teig glatt und glänzend ist, dabei jedesmal die Schmalseiten zur Mitte einklappen. Den Teig je drei- bis viermal durch die übrigen Walzenstellungen rollen, bis die vorletzte Einstellung erreicht ist. Anschließend die Teigplatten durch den gewünschten Schneidaufsatz rollen. Sollen die fertigen Nudeln sofort weiterverarbeitet werden, deckt man sie mit Klarsichtfolie ab; man kann sie aber auch trocknen (siehe unten).

In einem Topf das Wasser mit Salz zum Kochen bringen. Sobald es sprudelt, die Nudeln vorsichtig hineingleiten lassen und den Topf halb zudecken, damit das Wasser rasch wieder aufkocht. Frische Nudeln benötigen rund 3 Minuten. Die Nudeln vorsichtig umrühren, damit sie nicht verkleben (dazu ist auch 1 Eßlöffel Olivenöl im Wasser hilfreich). Die fertigen Nudeln abschütten, dabei aber etwas Kochwasser aufbewahren, falls das fertige Gericht noch einmal etwas angefeuchtet werden muß. Am einfachsten ist es, wenn Sie von vornherein einen Durchschlag nehmen, der genau in den Topf paßt. Die gekochten Nudeln nicht unter fließendem Wasser abschrecken, denn dabei würde die kostbare Stärke verloren gehen, an der später die Sauce bzw. das Öl haftet.

ERGIBT 500 G

NUDELN TROCKNEN

Man hängt die Nudelstreifen über eine Stuhllehne oder einen auf zwei Stuhllehnen liegenden Stock und achtet darauf, daß die einzelnen Streifen sich nicht berühren (Dauer rund 3 Stunden). Die getrockneten Nudeln auf ein Tablett legen und später wie oben beschrieben kochen, die Kochzeit ist etwas länger als bei frischen Nudeln.

KRÄUTERNUDELN

Der Nudelteig (siehe Seite 211) kann mit frischen gehackten Kräutern abgewandelt werden. Sollen die Nudeln nur grün gesprenkelt sein, verwendet man eine geringe Menge »trockener« Kräuter wie etwa Rosmarin, die ganz fein gehackt mit dem Mehl vermischt werden. Sollen die Nudeln richtig grün sein, nimmt man frische Kräuter wie etwa Petersilie, Sauerampfer oder Basilikum (oder Gemüse wie Spinat bzw. Frühlingszwiebeln). Für grüne Nudeln benötigt man mehr Kräuter als für »gesprenkelte« (vor dem Hacken etwa eine Handvoll), dafür aber weniger Eier. Lassen Sie zunächst ein Ei weg. Sollte der Teig zu trocken werden, können Sie später immer noch ein Eigelb zugeben.

Saucen

MAYONNAISE

In Italien wird Mayonnaise aus Olivenöl und Eiern, manchmal auch Zitronensaft zubereitet. Senf kommt nicht hinein, während gehackter gekochter Spinat, Kräuter oder Thunfisch durchaus passen. Siehe auch die Sauce für *vitello tonnato* (siehe Seite 126).

3 Eigelb
1 Prise Salz
Zitronensaft oder Weißweinessig
300 ml Olivenöl
weißer Pfeffer oder Tabasco

Stellen Sie eine große Rührschüssel auf ein feuchtes Tuch, damit sie nicht rutschen kann. Salz, 1 Eßlöffel Zitronensaft und die Eigelbe etwa 1 Minute lang glattrühren. Nach und nach das Olivenöl mit einem Holzlöffel einrühren, zunächst immer nur einen Eßlöffel voll, der sofort gründlich eingearbeitet wird. Ist etwa ein Drittel des Öls verbraucht, kann der Rest in einem dünnen, gleichmäßigen Strahl zugegossen werden, dabei muß aber ständig weitergerührt werden. Mit Zitronensaft, Salz und Pfeffer abschmecken. Wenn Sie die Mayonnaise nicht sofort verbrauchen, legen Sie Klarsichtfolie direkt auf die Oberfläche, damit sich keine Haut bildet, und stellen Sie die Sauce in den Kühlschrank. Vor dem Servieren auf Raumtemperatur erwärmen und noch einmal glattrühren.

ERGIBT 375 ML

IN DER KÜCHENMASCHINE

Mayonnaise kann man auch in der Küchenmaschine oder mit dem Mixer herstellen. Allerdings gelangt dabei mehr Luft hinein, so daß die Sauce weder die Cremigkeit noch den goldgelben Glanz der von Hand gerührten hat. Gehen Sie nach dem Rezept oben vor, indem Sie zunächst Eier und Salz verrühren und dann nach und nach bei laufendem Motor das Öl zugießen.

Pesto

Pesto stammt eigentlich aus Genua an der ligurischen Küste im Nordwesten der Toskana. Das Grundverfahren, gehackte oder gemahlene Nüsse mit Knoblauch, Kräutern und Käse zu vermischen und mit Öl zu verrühren, findet sich allerdings überall in Italien. Probieren Sie zu gegrilltem Fleisch und Gemüse einmal Pesto anstatt *salsa agresto* (siehe Seite 23).

100 g Pinienkerne
175 ml kaltgepreßtes Olivenöl
2 Knoblauchzehen
45 g frische Basilikumblätter
Salz
frisch gemahlener schwarzer Pfeffer
50 g Parmesan, frisch gerieben
50 g Pecorino, frisch gerieben

Die Pinienkerne ohne Fett in einer Pfanne goldgelb rösten, dabei häufig wenden. 60 ml Olivenöl mit den übrigen Zutaten außer Käse in der Küchenmaschine zu einer dikken Paste verrühren, abschmecken. Dann das restliche Öl und den Käse unterziehen.

ERGIBT 375 ML

Fonds

Brühe

Italienische Brühe *(brodo)* ist dünnflüssiger und nicht so konzentriert wie französische Fonds. Mischt man dazu rohes Fleisch mit einer Geflügelkarkasse, wird die Brühe besonders fein. In Italien ist es nicht üblich, Brühe zu einer gebundenen Sauce zu reduzieren oder mit Butter oder Sahne anzureichern.

1 kg gehackte Kalbs- oder Rinderknochen (oder beides) sowie einige durchwachsene Fleischstücke
1 Suppenhuhn mit Innereien
1 Möhre, geschält und gehackt
1 Zwiebel, geschält und gehackt
1 Stange Staudensellerie
1 Stange Porree, in Stücke geschnitten
3 Petersilienzweige
1 Lorbeerblatt
1 Thymianzweig
1 große Tomate, halbiert und entkernt

Alle Zutaten in einen großen Topf geben und mit kaltem Wasser bedecken. Langsam zum Kochen bringen, dabei immer wieder abschäumen. Die Hitze herunterstellen und die Brühe 4 Stunden lang auf ganz kleiner Flamme köcheln lassen. Durchsieben und ohne Deckel abkühlen lassen. Die erkaltete Brühe in den Kühlschrank stellen, später das erstarrte Fett von der Oberfläche abheben. Die Brühe innerhalb weniger Tage verbrauchen oder noch einmal aufkochen. Erst dann würzen, wenn das Gericht, für das die Brühe verwendet werden soll, fast fertig ist.

ERGIBT 3 L

Würzen

Der Eigengeschmack tritt kräftiger hervor, wenn man Tauben-, Wachtel- oder Kaninchenteile in die fertige Brühe gibt. Weitere Gemüse zugeben und Wasser angießen, bis alles gut bedeckt ist. Zum Kochen bringen, abschäumen und 2 Stunden lang bei kleinster Hitze köcheln lassen.

Hühnerbrühe

Unsere Hühnerbrühe war sehr köstlich, was vermutlich an den Suppenhühnern lag, die wir verwendeten.

1 Suppenhuhn von 2 kg
2 Möhren, gehackt
2 Stangen Staudensellerie, geputzt und gehackt
3 große Zwiebeln, gehackt
3 Petersilienzweige
2 Thymianzweige
2 Knoblauchzehen
4 schwarze Pfefferkörner
Salz

Alle Zutaten außer Salz in einen großen Suppentopf geben und mit reichlich Wasser bedecken. Langsam zum Kochen bringen und abschäumen. Die Hitze herunterdrehen und 2 Stunden lang auf kleinster Flamme köcheln lassen. Durchseihen und salzen. Das Hühnerfleisch auslösen und anderweitig verwenden. Die erkaltete Brühe in den Kühlschrank stellen und später das erstarrte Fett von der Oberfläche abheben. Die Brühe noch am selben Tag verwenden, andernfalls noch einmal aufkochen.

ERGIBT 2–3 L

FISCHBRÜHE

Dieser Fond bildet die Basis für unser gedünstetes Fischgericht (siehe Seite 116). Man kann damit aber auch das Aroma des Risotto mit Radicchio (siehe Seite 93) abwandeln.

40 g Butter
1 große Zwiebel, feingehackt
1 Stange Porree, feingehackt
1 Möhre, feingehackt
½ Stange Staudensellerie, feingehackt
1 kg Fischköpfe, gesäubert und grobgehackt
125 ml trockener Weißwein
1–1,5 l kaltes Wasser
10 Zweige glattblättrige Petersilie, gehackt
1 Thymianzweig
½ Lorbeerblatt
½ TL Safranpulver, nach Wahl

Die Butter in einem Topf zerlassen und die Gemüse darin 2 Minuten lang anbraten, aber nicht bräunen. Die Fischköpfe zugeben und 1 weitere Minute braten. Den Weißwein zugießen und ein paar Minuten kräftig kochen lassen, dann das kalte Wasser, die Kräuter und, falls erwünscht, Safran zugeben. 20 Minuten köcheln lassen, dann durch ein feines Sieb oder ein Mulltuch streichen, dabei die festen Bestandteile gut ausdrücken. Abkühlen lassen und in den Kühlschrank stellen. Möglichst am selben Tag verbrauchen.

ERGIBT 1 L

Tomaten

GESCHMOLZENE TOMATEN

Die bei geringer Hitze gerösteten Tomaten passen hervorragend zu Ziegenfrischkäse, Salat mit Räucherlachs oder Graved Lachs, zu Nudeln mit Anchovis oder zu einem Oktopus-Rauke-Salat.

reife Eiertomaten
kaltgepreßtes Olivenöl
frische Basilikumblätter
frischer Thymian
Knoblauchzehen, geschält
gutes Meersalz
frisch gemahlener schwarzer Pfeffer

Den Backofen auf 100 °C vorheizen. Die Tomaten längs halbieren. Eine ausreichend große feuerfeste Form großzügig mit Olivenöl einfetten und mit einer Schicht Basilikum, Thymian und Knoblauchzehen auskleiden, dann die Tomaten mit der Schnittseite nach unten nebeneinander hineinlegen. Mit reichlich Salz und Pfeffer bestreuen und mit Olivenöl beträufeln. Zugedeckt 5 Stunden lang backen, dann vollständig erkalten lassen. Die delikaten Tomaten halten sich mindestens 3–4 Tage.

'STRATTU

MAGGIE Die Tomaten werden püriert, gesalzen und dann in der Sonne getrocknet. Dabei müssen sie häufig umgerührt werden, bis alle Flüssigkeit verdunstet ist. *'Strattu* wird traditionell ohne Kochen zubereitet, man kann aber den Garvorgang durch anfängliches Erhitzen beschleunigen. Die rohe Version schmeckt frischer, säuerlicher und ist leuchtend rot, während die gekochte eine rostrote Farbe annimmt. Allerdings dauert es bis zu einer Woche, bis die rohe Version fertig ist. Kocht man die Mischung an, halbiert sich die Zubereitungszeit.

Die Tomaten müssen durch und durch reif, aber makellos sein, da alle Druckstellen das fertige Gericht beeinträchtigen würden. Eiertomaten eignen sich am besten, weil sie weniger Flüssigkeit enthalten als andere Sorten und das Tomatenmark deshalb dickflüssiger wird und beim Trocknen kein Wasser zieht. Wenn Sie die unten angegebenen Mengen abwandeln wollen, beachten Sie, daß für 1 Kilo *'strattu* 12 Kilo Tomaten benötigt werden. Man rechnet 1,5 % Salz auf die gewogenen Tomaten.

12 kg reife Eiertomaten
180 g Salz
frische Basilikumblätter, nach Wahl
Olivenöl

Die Stengel entfernen. Die Tomaten waschen, in kleine Stücke schneiden und durch ein Passiergerät streichen, bis nur Haut und Kerne zurückbleiben. Das Püree salzen und, falls erwünscht, einige Basilikumblätter zugeben. Mit einem Teigschaber auf einem Holztisch ausstreichen und in die pralle Sonne stellen. (Wenn Sie keine Eiertomaten verwendet haben, sollten Sie das Püree zu Beginn auf Tabletts ausstreichen, damit keine Flüssigkeit herabtropft.) Jedesmal, wenn Sie an dem Tisch vorbeikommen, streichen Sie das Püree zusammen und wieder auseinander, damit es gleichmäßig trocknet. Je öfter Sie das tun, desto kürzer ist die Trockenzeit. Nachts müssen Sie den Tisch ins Haus stellen, sonst wird das Püree wieder feucht.

Sobald das *'strattu* trocken ist, entfernt man die Basilikumblätter und füllt es in sterilisierte Gläser. Gut zusammendrücken, damit sich keine Luftblasen bilden, und mit einer Schicht Olivenöl versiegeln. Das *'strattu* hält sich ungeöffnet monatelang.

ERGIBT 1 KG

Mit Ankochen

Um die Trockenzeit zu verringern, kann man das Püree zunächst ankochen. Nehmen Sie dazu einen Email- oder Edelstahltopf und reduzieren Sie eine kleine Menge von dem Püree (Vorsicht, Tomaten brennen rasch an!), geben dann weiteres Püree dazu und so weiter. Zum Schluß das Püree salzen und wie oben beschrieben ausstreichen.

Sonnengetrocknete Tomaten

Für dieses Rezept müssen die Tomaten unbedingt am Strauch gereift sein, das ist viel wichtiger als die Tomatensorte. Große Exemplare in 2 cm dicke Scheiben schneiden, Eiertomaten längs halbieren. Kirschtomaten können halbiert oder aber im Ganzen am Stengel hängend getrocknet werden (was aber relativ lange dauert).

Die Tomaten mit etwas Meersalz bestreuen (Achtung, nicht versalzen) und auf Gittern liegend 2–3 Tage lang in der Sonne trocknen. »Halbgetrocknete« Tomaten brauchen weniger Zeit. Nachts ins Haus stellen, damit sie vom Tau nicht wieder feucht werden. Mit feinem Maschendraht oder Musselintüchern gegen Fliegen schützen. Lassen Sie die Tomaten nicht zu dunkel oder allzu trocken werden.

Anstatt die Tomaten in der Sonne zu trocknen, kann man auch ein elektrisches Dörrgerät verwenden. Damit dauert der Trockenvorgang je nach Dicke der Tomaten (-scheiben) 3–4 Stunden. Eine andere Möglichkeit besteht darin, sie über Nacht bei kleinster Hitze im Backofen trocknen zu lassen.

Sonnengetrocknete Tomaten halten sich hervorragend, während »halbgetrocknete« Tomaten rascher verderben und deshalb in den Kühlschrank gehören. Beide Varianten sollte man in Olivenöl einlegen.

Mit Knoblauch

Tomatenscheiben oder -hälften können mit Knoblauch, Salz und Pfeffer zusammen in der Sonne getrocknet werden und dann als Vorspeise serviert oder in Öl eingelegt werden.

Gefüllte getrocknete Tomaten

Als Vorspeise kann man getrocknete Tomaten reichen, die mit Anchovis, Kapern oder Fenchelsamen gefüllt und mit frischen Lorbeerblättern in Olivenöl eingelegt wurden. Die Eiertomaten werden durch den intakten Stengel hindurch längs eingeschnitten und die Füllung zwischen die beiden Hälften gedrückt.

Glossar

Die folgende Liste enthält italienische Begriffe und Wendungen sowie Zutaten, die vermutlich nicht jedermann bekannt sind. Es handelt sich keineswegs um eine vollständige Liste aller Fachbegriffe der italienischen Kochkunst, sondern lediglich um einen Überblick über die Dinge, die Ihnen in diesem Buch begegnen.

Agresto
Der Saft unreifer Trauben wird als Säuerungsmittel für Saucen wie zum Beispiel Vinaigrette oder bei der Zubereitung von Geflügel oder Fisch eingesetzt. Geschmacklich ist Agresto zwischen Zitronensaft und Essig angesiedelt, jedoch ohne allzuviel Säure oder Schärfe, dafür aber mit einem feinen, säuerlichen Traubenaroma. Siehe auch *salsa agresto.*

Al dente
Bedeutet »bißfest« und bezeichnet den Gargrad von Nudeln und Risotto, die den Zähnen noch etwas Widerstand bieten sollen.

Amaretti
Leichte, knusprige Kekse, ähnlich wie Makronen. Sie werden mit Bittermandeln oder Aprikosenkernen aromatisiert.

Amaro
Dunkler italienischer Kräuterlikör aus den Abruzzen. Wird gern als Digestif gereicht.

Anchovis
Kleiner südeuropäischer Heringsfisch, der durch Salzen haltbar gemacht wird

Antipasto
Wörtlich »vor dem Essen« (pl. *antipasti*). Eine Auswahl von Wurst- und Schinkenspezialitäten, eingelegten Gemüsen (Oliven, Auberginen, Artischocken), Omelett und dergleichen, die als Appetithäppchen gereicht werden.

Arborio
Rundkornreis, der speziell für Risotto verwendet wird. Der hohe Stärkegehalt sorgt für die gewünschte cremige Konsistenz. Weitere typische Risotto-Reissorten sind Carnaroli und Vialone.

Artischocken
Die Blütenköpfe dieser mediterranen Distelpflanze werden in der italienischen Küche auf vielerlei Weise verwendet, sei es gekocht, gedünstet, gefüllt oder gebraten. Die winzig kleinen Babyartischocken sind so zart, daß man sie roh in Salaten ißt. Artischocken müssen beim Verarbeiten in gesäuertes Wasser getaucht werden, damit sich die Schnittflächen nicht verfärben.

Biscotti
Toskanische Plätzchen, die zweimal gebacken werden

Bocconcini
Kleine, runde Frischkäse, die man ungereift und unbehandelt verzehrt. Angeboten werden sie in Salzlake. Man findet sie oft auf Antipasti-Platten oder als Salatzutat.

Bohnen
Die Einwohner der Toskana sind als *mangiafagioli* (Bohnenesser) bekannt, denn sie lieben sowohl frische als auch getrocknete Bohnen in Suppen und Eintöpfen, Schmorgerichten und als Pürees, die man als Gemüsebeilage oder als Aufstrich zu *crostini* und *bruschette* ißt. In Italien verwendeten wir die wunderschön beige und pink gezeichneten Borlotti-Bohnen und die kleinen cremefarbenen Cannellini-Bohnen. Beide gibt es dort je nach Jahreszeit frisch oder getrocknet zu kaufen. Es lohnt sich, nach frischen Bohnen Ausschau zu halten, doch kann man statt dessen auch getrocknete Bohnenkerne verwenden, allerdings müssen diese über Nacht eingeweicht und dann rund 1½ Stunden gekocht werden, während frische Bohnenkerne ohne Einweichen schon nach 45 Minuten gar sind.

Borlotti-Bohnen siehe Bohnen

Broccoletti
Dieses auch als *rapini* oder *broccoli di rapa* bezeichnete Gemüse ähnelt dem deutschen Stielmus (Rübstiel) und besteht aus den in Knospe geernteten Blättern und Stielen der Herbstrübe. Das nussig schmeckende, dunkelgrüne Gemüse wird gehackt und gedünstet als Beilage serviert oder zu Risotto und anderen Schmorgerichten gegeben. Botanisch gehört *broccoletti* zur Gruppe *Brassica rapa* und ist mit dem Raps (*Brassica napus* bzw. *campestris*) verwandt, aus dessen Samen Öl hergestellt wird.

Brunello di Montalcino
Ein großartiger trockener Rotwein aus einer lokalen Züchtung der Rebsorte Sangiovese. Nach den DOCG-Vorschriften muß Brunello di Montalcino mindestens drei Jahre im Faß gereift sein und darf erst nach insgesamt vierjähriger Reifezeit verkauft werden.

Bruschetta
Scheibe eines großporigen Bauernbrotes, die über einem Holzkohlenfeuer oder auf einem gußeisernen Grill geröstet und mit verschiedenen Zutaten belegt wird. Gerade das Röstaroma macht einen guten Teil ihres Reizes aus. Siehe auch *crostini.*

Cannellini-Bohnen siehe Bohnen

Carpaccio
Traditionell versteht man darunter in hauchdünne Scheiben geschnittenes, rohes Rinderfilet, das z. B. mit Mayonnaise garniert wird. Heutzutage erhält man unter dieser Bezeichnung auch hauchdünne Scheiben rohen Fischs.

Cavolo nero (Schwarzkohl)
Dieser langblättrige toskanische Grünkohlverwandte gehört traditionell in die Minestrone. Der Kohl hat ein angenehm herbes Aroma, das auch bei langen Garzeiten nicht verloren geht. Die Blätter färben sich beim Kochen fast schwarz. Soweit uns bekannt ist, bekommt man diese Sorte außerhalb Italiens so gut wie nie. Man kann statt dessen Wirsing oder Grünkohl verwenden, allerdings fallen die Gerichte dann geschmacklich anders aus.

Chianti
Die Gegend zwischen Siena im Süden und Florenz im Norden ist die Heimat dieses berühmten Rotweins. Der frische, junge Chianti in der Bastflasche *(fiasco)* ist ein Verschnitt von Sangiovese (der wichtigsten Traubensorte der Region), Trebbiano, Malvasia und manchmal Canaiolo. Gelegentlich wird ein Konzentrat aus getrockneten Trauben *(il governo)* zum vergorenen Traubensaft gegeben, um eine Nachgärung in Gang zu setzen. Der beste Chianti aber wird ohne *governo* gekeltert und drei Jahre lang in Eichenfässern oder Stahltanks gereift, bevor er als *riserva* abgefüllt wird. Siehe auch Chianti Classico.

Chianti Classico
Dieser ausgesprochen trockene Rotwein aus einem bestimmten Teil der Weinbauregion Chianti wird traditionell ausschließlich aus Sangiovese-Trauben (sowie inzwischen aus bis zu 10% neueren Sorten wie zum Beispiel Cabernet Sauvignon, Merlot oder Shiraz) und nicht mehr als 5% weißen Traubensorten gekeltert. Der als DOCG klassifizierte Chianti Classico gilt als einer der besten Weine Italiens. Er wird ein Jahr lang im Eichenfaß und weitere 12 Monate in der Flasche gereift. Chianti Classico sind mit dem *gallo nero* gekennzeichnet, dem schwarzen Hahn, der das Wappen am Flaschenhals ziert. Siehe auch Chianti.

Cinghiale (Wildschwein)
Das zarte Fleisch der Wildschweine aus den italienischen Wäldern erinnert eher an Kalbfleisch als an Wild und wird für Nudelsaucen und Eintöpfe verwendet. Man findet es auch mariniert und gebraten, zu Würsten oder zu Schinken verarbeitet *(prosciutto di cinghiale).*

Crespelle
Crêpes mit herzhafter oder süßer Füllung

Crostini
Dünne Brotscheiben mit knuspriger Kruste (z. B. Baguette), die entweder unter dem Grill geröstet, im Ofen aufgebacken oder in Olivenöl bzw. Butter gebraten werden. *Crostoni* sind lediglich große *crostini.*

Crostoni siehe Crostini

DOC/DOCG
Die Denominazione di Origine Controllata *(e garantita)* ist Italiens Gütezeichen und Herkunftsgarantie für gebietstypische landwirtschaftliche Produkte (u. a. für Wein, Schinken, Balsamessig, Käse und seit kurzem auch Olivenöl). Bei den Weinen diktiert die Herkunftsbezeichnung DOC seit ihrer Einführung in den 1960er Jahren in erheblichem Maße die Weinbau- und Kelterverfahren (etwa durch die Festlegung von Regionen, Traubensorten, Produktionsmengen, Alkoholgehalt und Reifezeit). Der Zusatz *e garantita* wird den allerbesten DOC-Weinen gewährt, derzeit Albana di Romagna, Barbaresco, Barolo, Brunello di Montalcino, Chianti Classico und Vino Nobile di Montepulciano. Jeder Wein, der nicht den DOC-Bestimmungen entspricht, wird als *vino da tavola* (Tafelwein) eingestuft. Manchmal entspricht diese Bezeichnung dem Wesen eines Weins oder den Ansprüchen seines Winzers, manchmal aber auch nicht. So fallen einige ganz hervorragende Weine, darunter toskanische Spitzenprodukte, nicht unter die DOC-Richtlinien. Siehe auch Parmesan (Parmigiano-Reggiano).

Fenchel
Man bekommt Fenchelsamen und frische Fenchelknollen, die roh oder gedünstet, gebraten und auf sonstige Weise zubereitet schmecken. Knolle und Samen duften intensiv nach Anis und gelten als verdauungsfördernd, so daß man die Knollen in Italien oft am Schluß der Mahlzeit anstelle von Obst ißt. Die Samen werden auch zum Würzen von Salami verwendet, insbesondere bei der toskanischen Spezialität *finocchiona.*

Gamberetti
Diese winzigen Mittelmeergarnelen werden nur ganz kurz abgekocht und dann – oft mit Schale – mit Gewürzen als Teil einer Antipasti-Platte serviert.

Gelato
Italienische Eiscreme entweder auf der Grundlage von Zuckersirup oder Sahne und/oder Eigelb. Der Plural lautet *gelati.*

Gesäuertes Wasser
Wasser mit etwas Zitronensaft bzw. -scheiben oder Essig. Manche Gemüse und Früchte (z.B. Artischocken) müssen nach dem Schälen in gesäuertes Wasser gelegt werden, damit sie nicht braun werden.

Gnocchi
Klößchen aus Kartoffel- oder Nudelteig (manchmal mit püriertem Gemüse, etwa Kürbis oder Spinat), die kurz pochiert und dann mit Sauce angerichtet werden. Als Gnocchi bezeichnet man auch eine bestimmte Nudelform.

Gorgonzola
Ein kräftiger, cremiger Blauschimmelkäse aus Kuhmilch. Mit Hilfe von Edelstahl- oder Kupferdrähten werden die noch unreifen Käse gleichmäßig mit Schimmelpilzkulturen beimpft.

Grappa
Ein Tresterbranntwein ähnlich wie der französische Marc. Er wird aus den Resten von Trauben und Kernen gebrannt, die nach dem Keltern in der Presse zurückbleiben. Einen Espresso mit einem Schuß Grappa bezeichnet man als *caffè corretto.*

Gremolata
Eine Mischung aus Zitronenschale, Knoblauch und Petersilie, alles fein gewürfelt bzw. gehackt. Man gibt *gremolata* gern unmittelbar vor dem Servieren an Schmorgerichte, vor allem zu *osso buco* (Kalbshachse).

Grieß
Ein gemahlenes Weizenprodukt. Grießmehl wird für Gnocchi verwendet, körniger Grieß dagegen für Desserts und Kuchen. Aus Hartweißengrieß werden die handelsüblichen Teigwaren hergestellt.

Grissini
Bleistiftdünne Brotstangen, die zu einer Antipasti-Platte gehören oder zu *pinzimonio* gereicht werden

Insalata caprese
Wörtlich »Salat aus Capri«. Am Ansatz noch grüne Tomaten, Mozzarella und Basilikum werden mit allerfeinstem kaltgepreßtem Olivenöl angemacht.

Kapern
Die eingelegten Knospen des im Mittelmeerraum heimischen Kapernstrauchs. Am besten sind die kleinen Kapern von den Äolischen Inseln vor Sizilien, die in Salz oder Salzlake angeboten werden. Weniger empfehlenswert sind die preiswerteren Sorten in Essig. Salzkapern müssen vor dem Verzehr gründlich, aber vorsichtig abgespült werden. Dazu gibt man sie in einen Durchschlag und taucht diesen mehrmals in sauberes Wasser, um das Salz abzuwaschen, ohne die zarten Knospen zu beschädigen.

Karden
Wie Artischocken gehören Karden zu den Distelgewächsen, und sie sind auch ähnlich im Geschmack. Von Karden ißt man allerdings nicht die Blüten, sondern die jungen, dickfleischigen Blattstiele und -rippen, die von harten Fasern und scharfen Kanten befreit, geschält und blanchiert werden. So vorbereitet, werden sie geschmort oder gebacken.

Lasagne
Gekochte Nudelplatten, die in einer feuerfesten Form mit Fleisch oder Gemüse aufgeschichtet und mit Käse bestreut und mit Béchamelsauce übergossen werden. Das Ganze wird gebacken, bis die Oberfläche goldgelbe Blasen wirft. Die Einzahl *lasagna* bezeichnet die einzelne Nudelplatte.

Limoncello
Ein fruchtiger Zitronenlikör aus Capri

Löffelbiskuit
In Italien heißen diese aus hellem Biskuitteig hergestellten Backwaren *biscotti savoiardi.* Sie werden gern mit Likör beträufelt und mit Sahne oder Mascarpone geschichtet zu Desserts verwendet, beispielsweise für das sehr beliebte Tiramisu.

Mascarpone
Ein dickflüssiger Doppelrahm-Frischkäse aus Kuhmilch

Minestrone
Eine dicke Gemüsesuppe, die üblicherweise Bohnenkerne, oft auch Nudeln enthält. In der Toskana gehört in die Minestrone zudem der blaugrüne *cavolo nero* (Schwarzkohl). *Minestra* ist das italienische Wort für Suppe, *ministrina* für Brühe.

Mortadella
Die echte italienische Mortadella stammt aus Bologna. Dort verarbeitet man Rind- und Schweinefleisch zu einer delikaten, glatten Masse mit äußerst hohem Fettgehalt. Es gibt Varianten mit Pfefferkörnern oder ganzen Pistazien. Meist wird die Wurst ganz dünn aufgeschnitten gereicht, sie wird aber auch fein gewürfelt zu Saucen, Nudelfüllungen und Schmorgerichten gegeben.

Mostarda di Cremona
Dieser ursprünglich aus dem lombardischen Cremona stammende Senf wird traditionell zu *bollito misto* serviert, einer Auswahl gekochter Fleisch- und Gemüsestücke. Früchte wie Aprikosen, Pfirsiche, Birnen, Kirschen und Pflaumen werden in Sirup eingelegt und mit diesem Senf aromatisiert.

Mozzarella
Ein Frischkäse, der beim Backen schön gleichmäßig schmilzt. Echten süditalienischen Mozzarella aus Büffelmilch *(mozzarella di bufala)* bekommt man in Deutschland manchmal in Delikatessenläden oder in italienischen Fachgeschäften.

Myrte
Die Blätter des Myrtenstrauchs verleihen mediterranen Wild- und Fleischgerichten eine milde Harznote. Die scharfen blauschwarzen Beeren werden getrocknet angeboten und wie Wacholderbeeren verwendet.

Olivenöl

Olivenöle gibt es in einer Vielzahl von Aromen von leicht und butterzart bis fruchtig. Je kräftiger die Farbe, desto intensiver ist auch der Geschmack. Aroma und Farbe hängen von der Qualität und Sorte der Oliven ebenso ab wie vom Klima, dem Boden und der Sorgfalt, mit der der Ölbaum gepflegt wurde. Wichtig sind auch die Preßmethode und die Lagerung. Toskanische Olivenöle sind berühmt für ihr fruchtiges, leicht pfeffriges Aroma. Beides ist auf das kühlere Anbaugebiet zurückzuführen.

Das kaltgepreßte, sogenannte native Olivenöl extra *(olio extra-vergine)* stammt immer aus der ersten Pressung und darf nicht mehr als 1 % freie Fettsäuren enthalten, außerdem darf das Aroma in keiner Weise beeinträchtigt sein. Natives Olivenöl *(olio vergine)* darf nur 1,5 % Fettsäuren aufweisen. Öl, das nicht in diese Kategorien paßt, wird raffiniert, mit nativem Olivenöl verschnitten, um dessen Farbe und fruchtiges Aroma zu übernehmen, und als reines oder raffiniertes Olivenöl angeboten.

In Italien werden erstklassige Olivenöle in hohen Ehren gehalten, denn zum Geschmack eines Gerichts wie etwa *panzanella* (siehe Seite 181) trägt das Öl ebenso bei wie die vollreifen Tomaten. Man sollte sie vor allem für kalte Speisen verwenden, bei denen sich das Aroma richtig entfalten kann, und zum Kochen das »einfachere« native Olivenöl nehmen.

Pancetta

Gepökelter Bauchspeck, oft gerollt, jedoch nie geräuchert. Eine Variante wird mit Cayennepfeffer aromatisiert. Man gibt sie in dünne Scheiben geschnitten oder gewürfelt zu Saucen.

Panettone

Ein Hefekuchen aus Mailand, der mit Orangeat, Zitronat und anderem Dörrobst angereichert wird. Schmeckt auch getoastet gut.

Panforte

Ein flacher, fester, süßer Gewürzkuchen aus Siena. Er wird mit Zitronat, Nüssen, Honig, manchmal Kakao und wenig Mehl zubereitet.

Panna cotta

Wörtlich »gekochte Sahne«. Ein zartes Dessert aus Milch und Sahne, das man in Förmchen fest werden läßt.

Panzanella

Ein rustikaler toskanischer Salat, meist aus Weißbrot vom Vortag, Tomaten, Zwiebeln, Staudensellerie, Gurke, Knoblauch, Basilikum und einer Vinaigrette aus Rotweinessig und kaltgepreßtem Olivenöl

Panzarotti

Mit Käse, Schinken oder Salami gefüllte, gebratene Ölteigtaschen

Pappa al pomodoro

Eine bäuerliche toskanische Suppe aus altbackenem Brot, Tomaten und Brühe

Parmesan

Italiens feinster Parmesan (Parmigiano-Reggiano) wird unter strengsten DOC-Bestimmungen in Norditalien produziert. Der würzige, mild-nussige Grana-Käse wird von April bis November aus der Milch von Weidekühen gemacht. Dabei wird die vollfette Morgenmilch mit der teilweise entrahmten Milch vom Vorabend vermischt. Es dürfen keinerlei Chemikalien oder Farbstoffe verwendet werden. Als einzige Zusätze sind Lab und Salz erlaubt. Die frischen Käselaibe werden in Salzlake eingelegt. Jeder Laib Parmigiano-Reggiano muß zwischen 33 und 44 Kilo wiegen und mindestens 14 Monate lang gereift sein. Ein drei Jahre alter Parmesan kommt als *stravecchio* (uralt), ein vier Jahre alter als *stravecchione* (steinalt) in den Handel.

Unabhängige Inspektoren überprüfen die Käse regelmäßig. Die für gut befundenen Laibe erhalten ein Brandzeichen (das ovale Siegel mit Monat und Jahr der Herstellung), zugleich wird die Rinde mit einem Punktraster versehen, das den Käse als Parmigiano-Reggiano ausweist. Oft trägt der Käse außerdem ein Exportgütesiegel.

In Norditalien werden zahlreiche weitere Grana-Käse hergestellt, dürfen jedoch nach dem Gesetz nicht als Parmigiano-Reggiano bezeichnet werden. Zwei weitere bekannte Sorten sind Grana padano (milder und preiswerter als der »echte« Parmesan), der sechs Monate lang gereift ist und sich hervorragend zum Reiben eignet, sowie Pecorino, ein süditalienischer Reibkäse aus Schafsmilch.

Passata

Sauce aus frischen Tomaten, die durch eine Passiermühle gestrichen werden

Pasta

Frische oder getrocknete Teigwaren werden in über 300 verschiedenen Formen angeboten. Einige davon sind immer getrocknet (etwa Röhrennudeln), andere werden auch frisch verarbeitet (Linguine, Tagliatelle, Fettuccine, Vermicelli und Lasagneplatten). Frische Nudeln werden teils von Hand geknetet und geschnitten, teils mit einer mechanischen Nudelmaschine zubereitet (siehe Seite 211). Handelsware wird maschinell geknetet und geformt bzw. durch riesige Metallwalzen gepreßt. Bestehen die Walzen aus Edelstahl oder Teflon, wird der Nudelteig schön glänzend, bei solchen aus Bronze erhält die Pasta mehr Struktur und wirkt matter. Die durch Bronzewalzen gedrehten Teigwaren gelten als qualitativ hochwertiger, da an der rauheren Oberfläche die Sauce besser haftet.

In Süditalien wird zu Grieß vermahlener Hartweizen als Pasta-Grundlage bevorzugt. Er eignet sich besonders für getrocknete Nudeln, die eine längere Kochzeit benötigen. Im Norden Italiens stellt man traditionell aus Weichweizenmehl und Ei Teigwaren wie Fettuccine, Tagliatelle und Linguine her, die nur eine ganz kurze Garzeit haben. Die handelsüblichen Teigwaren sind vielfach von guter Qualität, doch lohnt es sich durchaus, auch einmal hausgemachte Nudeln auszuprobieren.

Pecorino

Schafskäse, der frisch oder gereift angeboten wird. Als Reibkäse ist Pecorino romano wohl der bekannteste.

Pesto

Für diese Sauce werden Knoblauch, Pinienkerne und Basilikum zusammen im Mörser gestampft und mit Olivenöl sowie Parmesan gebunden. Pesto stammt ursprünglich aus Genua und wird traditionell unter heiße Spaghetti gemengt, schmeckt aber auch gut als Alternative zu *salsa agresto* (siehe Seite 23).

Piadina

Auf einer Tonplatte *(testa)* gebackenes Fladenbrot, ähnlich wie indische Chapati

Pinzimonio

Junge Gemüse werden zu einer Rohkostplatte zusammengestellt, in feines Olivenöl getunkt und mit Meersalz und Pfeffer bestreut als Vorspeise serviert.

Polenta

Maismehl oder -grieß wird mit unterschiedlichen Flüssigkeitsmengen gekocht, wobei man Wasser und/oder Brühe oder sogar Milch verwendet. Die Würze geben oft Butter und Parmesan. Man reicht Polenta entweder als Beilage oder schneidet sie kalt in Scheiben, die dann gegrillt oder überbacken werden.

Polpettine

Kleine Fleischklößchen, die oft mit Parmesan und Kräutern gewürzt werden

Provolone

Ein traditionell in Süditalien hergestellter Kuhmilchkäse, der meist nach einigen Monaten Reifezeit in den Handel kommt. Es gibt auch sechs Monate oder länger gelagerte Sorten, die man gern als Reibkäse nimmt. Aufgrund seines nussigen Aromas und der festen Konsistenz eignet sich dieser Käse gut zum Kochen.

Radicchio

Diesen Verwandten des Kopfsalats gibt es in Rot, grünrot oder rotweiß geflammt. Neben festgewickelten Sorten (z. B. *radicchio di Chioggia*) findet man lockere Köpfe *(radicchio di Treviso)*. Alle schmecken leicht bitter und vertragen ein kräftiges Dressing. Sie schmecken auch gegrillt, gebraten oder als Zutat zu gekochten Gerichten wie z. B. Risotto.

fem Eigengeschmack

Ravioli
Kleine Nudelkissen mit einer Füllung meist aus Fleisch, Gemüse oder Käse. Ravioli werden pochiert und manchmal auch überbacken.

Ribollita
Wörtlich übersetzt »wiederaufgekochte« Suppe. Es handelt sich um eine Minestrone, die mit Brot angereichert und tatsächlich aufgewärmt serviert wird.

Ricotta
Wörtlich »noch einmal gekocht«. Für den quarkähnlichen körnigen Frischkäse erwärmt man meist die bei der Herstellung von Käsen wie Mozzarella und Provolone übrigbleibende Molke. Beim Erhitzen setzt sich an der Oberfläche der Quark ab, der abgeschöpft und weiterverarbeitet wird.

Risotto
Bei diesem Gericht wird Reis gegart, indem man unter Rühren nach und nach heiße Brühe zugibt. Typische Risotto-Reissorten sind Arborio, Carnaroli und Vialone. Sie bleiben fest und enthalten viel Stärke. Mit Gemüsen, Meeresfrüchten und anderen Zutaten können Risotti auf vielerlei Weise abgewandelt werden.

Rotolo
Wörtlich »Rolle«. Eine große Nudelteigplatte wird mit einer Füllung bestrichen und aufgerollt. Die Rolle wird im Ganzen pochiert und dann erst aufgeschnitten.

Salami
Hervorragende Dauerwurstspezialität. Echte Salami (ital. *salame*) wird aus rohem Fleisch hergestellt und geräuchert oder ungeräuchert angeboten. Meist besteht sie aus frischem Schweinefleisch und weist eine grobe Struktur auf; gewürzt wird vor allem mit Knoblauch. Entscheidend für die Eigenschaften der jeweiligen Salami sind Art und Menge des verwendeten Fleisches, das Verhältnis zwischen fetten und mageren Bestandteilen, wie fein oder grob zerkleinert das Fett und wie gleichmäßig es in der Magermasse verteilt ist, die Gewürze, der Salzgehalt und die Lagerung.

Salame calabrese beispielsweise ist würzig bis scharf und enthält neben Chilischoten Rotwein und rote Paprikaschoten. Sie wird luftgetrocknet, während die sogenannte *salame alla casalinga* (nach Hausfrauenart) sehr unterschiedlich sein kann, je nachdem, in welcher Gegend die »Hausfrau« wohnt. Die sehr geschätzte *soppressa di salame* wird aus Rind- und Schweinefleisch gemacht. Die grobe, luftgetrocknete Wurst wird mit Bändern zu der traditionell wulstigen Form geschnürt. Eine toskanische Spezialität ist die *finocchiona*, eine mit Fenchelsamen gewürzte weiche Salami.

Salsa agresto
Eine Paste – ähnlich wie Pesto – aus Walnüssen, Mandeln, Petersilie und Basilikum, der Agresto zugegeben wird. Man reicht sie zu gegrilltem Fleisch und Gemüse.

Schwarzkohl siehe Cavolo nero

Semifreddo
Wörtlich »halbkalt«, zu Deutsch also Halbgefrorenes. Das cremige Dessert wird nur kurz ins Gefrierfach gestellt.

Sformato
Wörtlich »formlos« oder »verformt«. Es handelt sich um einen Auflauf.

Steinpilze (funghi porcini)
Porcini heißt wörtlich »Schweinchen«. Die Pilze werden frisch oder getrocknet angeboten und geben bestimmten Gerichten ihr unverwechselbares Aroma. Man kann sie notfalls durch Champignons ersetzen, erhält dann aber eine ganz andere Geschmacksrichtung.

Getrocknete Steinpilze werden vor der Verwendung 20 Minuten in warmem Wasser eingeweicht. Die Flüssigkeit kann man durchgeseiht als Würze für Brühe, Suppe oder Risotto verwenden.

Stracciatella alla romana
Geflügelbrühe mit verquirltem Ei und Parmesan. Wörtlich übersetzt heißt *stracciatella* »Lumpen«. Siehe auch *zuppa pavese*.

'Strattu
Eine konzentrierte Tomatenpaste, für die man Tomatenpüree mehrere Tage lang in der Sonne trocknen läßt

Strega
Aromatischer, gereifter italienischer Likör aus Kräutern und Gewürzen

Testa
Terrakottaplatte, auf der man *piadine* gart

Tintenfisch (Sepia)
Der gemeine Tintenfisch (italienisch *seppia*), ein Verwandter der Kalmare *(calamari)*, wird überall auf italienischen Märkten angeboten. Das feine Fleisch eignet sich gleichermaßen zum Dünsten wie zum Grillen, wobei das Fleisch auf dem Grill schneller weich wird.

Trattoria
Im großen und ganzen preiswertere Version eines Ristorante, hat jedoch mehr zu bieten als eine Pizzeria oder eine Osteria

Trüffeln (tartufi)
Weiße Trüffeln *(tartufi bianchi)* findet man im Herbst und Winter in den Wäldern der Toskana, des Piemont und der Emilia-Romagna. Sie können tennisballgroß werden und sind eigentlich nicht weiß, sondern bräunlich, jedoch deutlich heller als die nicht ganz so aromatischen schwarzen Trüffeln. Weiße Trüffeln verströmen einen unverkennbaren, lange haftenden erdigen Duft, der ebenso zu ihren sagenhaften Marktpreisen beiträgt wie ihre Seltenheit.

Man verwendet Trüffeln roh und möglichst unkompliziert, etwa über ein Nudelgericht oder Risotto gehobelt oder mit Rührei verquirlt. Werden frische Trüffeln ein oder zwei Tage in einem Behälter mit Reis oder Polenta oder bis zu einer Woche zusammen mit Eiern aufbewahrt, nehmen diese das unvergleichliche Aroma an.

Vin Santo
Wörtlich »heiliger Wein«, eine toskanische Spezialität. Der süße, bernsteinfarbene Dessertwein wird aus Trauben (vorwiegend der Sorten Trebbiano und Malvasia) gekeltert, die nach der Lese vier Monate lang auf Matten getrocknet werden. Die verschrumpelten Beeren werden gepreßt und der wenige Traubensaft nach der Gärung ungefiltert vier Jahre lang in Eichenfässern gereift, bevor der Wein verschnitten und abgefüllt wird. Da die Fässer nie gereinigt werden, teilt sich das Aroma dem frisch eingefüllten Traubensaft erneut mit.

Vitello tonnato
Wörtlich »Kalbfleisch mit Thunfisch«. Für dieses Gericht wird kalter Kalbsbraten dünn aufgeschnitten und mit einer Sauce aus Mayonnaise, Thunfisch, Anchovis und Kapern überzogen. Garniert wird das Gericht üblicherweise mit Anchovis, Oliven, Kapern und dünnen Zitronenscheiben.

Wein
Vino rosso ist Rotwein, *vino bianco* Weißwein, *vino rosa* Rosé. Siehe auch Chianti, Chianti Classico, DOC/DOCG, Vin Santo

Zuccotto
Dieses Dessert, dessen Form angeblich von Brunelleschis Kuppel über dem Florentiner Dom inspiriert sein soll, besteht aus Schlagsahne oder Mascarpone mit Schokolade, Nüssen sowie Zitronat und Orangeat. Die halbrunde Form wird zuvor mit Biskuit ausgelegt und dieser mit Weinbrand beträufelt. Die »Kuppel« wird angefroren und vor dem Servieren gestürzt.

Zuppa pavese
Diese Hühnersuppe wird meist mit Parmesan und einem ganzen, in der Brühe pochierten Ei zubereitet (wird das Ei verquirlt, heißt das Ganze *stracciatella alla romana*). Etwas aufwendiger ist eine Version, die kleine Salatröllchen mit Geflügelfüllung enthält.

Register

Orignaltitel: Tuscan Cookbook

Übersetzung aus dem Englischen: Birgit Lamerz-Beckschäfer
Redaktion und Satz: Regine Ermert

Projektkoordination: Birgit Wüller
Herstellung: Ursula Schümer

Druck und Bindung: Dürer Nyomda
Printed in Hungary

ISBN 3-8290-3669-8

10 9 8 7 6 5 4 3 2 1